링컨 리더십의 본질

미국 남북전쟁

차례
Contents

들어가며

    이미 에이브러햄 링컨(Abraham Lincoln)이 제16대 미국 대통령에 당선된 직후인 1860년 12월 사우스캐롤라이나가 연방 탈퇴를 선언했다. 이어 1861년 2월 1일에 앨라배마, 미시시피, 플로리다, 조지아, 루이지애나, 텍사스가 그 뒤를 따랐다. 탈퇴한 주들은 곧바로 그해 2월 4일 앨라배마의 몽고메리에서 남부연합(Southern Confederation: 또는 아메리카 연합국 Confederate States of America 또는 남부맹방南部盟邦)을 결성했다.

    링컨의 취임식 즈음에 연방 분리라는 국가적 위기는 냉엄한 현실이었다. 제퍼슨 데이비스(Jefferson Davis)는 벌써 2주 전에 남부연합 대통령에 취임했다. 링컨 대통령 당선자는 암

살 음모를 피해 윈필드 스콧(Winfield Scott) 장군의 비밀 호위를 받으며 워싱턴에 도착했다. 1861년 3월 4일 여러 보좌관들과 장관들의 반대에도 불구하고 링컨은 퇴임하는 대통령 제임스 뷰캐넌(James Buchanan)과 함께 오픈 마차를 타고 의사당으로 와서 취임 선서를 했다. 당시 대법원장 로저 토니(Roger Taney)가 선서를 주관했다. 링컨은 대통령 취임사 전체를 위기에 처한 연방을 보존하는 일의 당위성을 설파하는 데 할애했다.

남부 주에 살고 있는 국민들 사이에 공화당이 집권함으로써 그들의 재산과 평화 그리고 개인적 안전이 위험에 처할 것이라는 두려움이 있는 것 같습니다. 하지만 그것은 전혀 타당한 근거가 없는 두려움입니다. … 지금까지 위협적인 것으로만 그쳤던 연방 분열이 이제 막강한 힘을 가지고 시도되고 있습니다. 우리의 보편적인 법칙과 헌법에 비추어 볼 때 연방은 영원하다고 나는 확신합니다. 이 영원성은 비록 헌법에 명시되어 있지는 않지만 모든 국가의 기본법에 내재해 있습니다. 지금까지 국가라고 할 수 있는 그 어느 나라도 자신의 소멸을 위한 조항을 기본 법안에 규정한 적이 없다고 단언해도 무방하다고 봅니다. 우리가 헌법의 모든 조항을 제대로 시행한다면 연방은 영원할 것입니다. 비헌법적인 행동을 하지 않고는 연방을 해체하는 것이 불가능하기 때문입니다. … 불만을 가지고 있는 국민들에게도 오랜 역사를 가진 이 헌법은 여전히 훼손되지 않았으며, 이 헌법 아래에서 여러분 스스로 만든 민감한 문제에 관한 법률도 여전히 유효합니다. 설령 새로운 정부가 이를 개정하고 싶다고 해도 당장 그럴 만한 권한이 없습니다. 그렇기 때문에 지금의 갈등에 불만을 가진 사람이 정당하다고 해도 성급한 행동을 개시할 단 하나의 이유가 없습니다. … 내전에 대한 중대한 결정이 나의 손이 아닌 국민들 중 불만을 가진 사람들의 손에 달려 있습니다. 정부는 여러분을 결코 공격하지 않을 것입니다. 여러분이 공격자가 되지 않는 한 그 어떤 갈등도 없을 것입니다. 여러분이 정부를 무너뜨린다는 맹세를 한 적이 없는 것처럼 나는 정부를 보존하고 지키고 방위할 것을 엄숙히 선서합니다. 나는 정말 여기서 끝내고 싶지 않습니다. 우리는 적이 아니라 친구입니다. 우리는 서로 적이 되어서는 안 됩니다. 감정이 나빠졌어도 그 감정 때문에 우리 애정의 유대를 끊어서는 결코 안 됩니다. 이 광활한 땅의 모든 전쟁터와 애국자의 무덤에서부터 살아 있는 모든 사람과 그 가정에까지 이어져 있는 신비롭기까지 한 기억의 선율에, 언젠가 우리 본성에 깃든 더욱 선량한 천사의 손길이 반드시 다시 와 닿을 것이며 그때 연방의 합창은 울려 퍼질 것입니다.[1]

하지만 링컨의 간절함에는 공허함만 맴돌 따름이었다. 대통령 취임 후 북부연방(Union)과 남부연합 간에는 전투만 없었을 뿐이지 사실상 전쟁이 진행되고 있었다. 갈등이 고조되는 가운데 사우스캐롤라이나에 있는 연방군 요새인 섬터에 보급품이 고갈되고 있었다. 섬터 요새를 포기할 것인가, 아니면 연방군을 보내 지원할 것인가를 놓고 링컨은 여러 장군들과 보좌관들과 함께 백악관에서 잇따라 회의를 거듭했다. 백전노장 윈필드 스콧은 섬터는 군이 무리해서 지원할 만큼 군사적 가치가 크지 않다고 말했다. 해군장관 기디언 웰스(Gideon Welles)는 이 요새를 포기하는 것이 좋겠다고 말했다. 심지어 국무장관 윌리엄 수어드(William Seward) 역시 같은 견해를 피력했다. 그들은 하나같이 피비린내 나는 전쟁을 피하려면 섬터를 포기하고 남부연합의 요구를 들어주어야 한다고 주장했다. 하지만 링컨의 판단은 달랐다. 그는 요새를 지원할 것을 결정했다. 링컨은 '강요'가 아니라 '설득'이라는 자신만의 장점을 이용하여 보좌관들과 장군들을 설득했다.

나무꾼의 딸을 사랑하는 사자가 있었지요. 그 사자는 나무꾼에게 딸을 달라고 졸랐습니다. 하지만 나무꾼은 사자의 날카로운 이빨이 딸을 해칠 수 있다고 반대했습니다. 이에 사자는 자신의 이빨을 뽑아버리고 다시 나무꾼에게 간청했습니다. 이제 나무꾼은 사자의 날카로운 발톱이 딸을 해칠 수 있다고 반대했습니다. 이에 사자는 자신의 발톱도 뽑아버렸습니다. 그러자 나무꾼은 사자를 잡아 죽여 버렸습니다.[2]

링컨이 말한 이 이솝우화의 의미를 모르는 사람은 아무도 없었다. 1861년 4월 4일 링컨은 섬터 요새를 지원하기 위해 일단의 원정대를 파견했다. 보급품을 실은 원정대는 5일 후 요새 가까이 도달했다. 이에 남부연합은 섬터에 그 어떤 보급품의 전달도 적대 행위로 간주하고 원정대와 요새를 공격할 것이라 선언했다. 12일 아침 마침내 남부연합의 해안 포가 작렬하기 시작했다. 요새 사령관 로버트 앤더슨(Robert Anderson)은 약 40시간의 파상 공격을 견뎌냈지만 결국 13일 늦은 오후에 항복했다. 요새에는 남부연합의 깃발이 내걸렸다. 남부연합은 작은 전투에서 승리했지만 전쟁을 촉발시켰다는 책임을 떠안게 되었다.

4월 15일 링컨은 연방 탈퇴를 선언한 하남부(下南部) 지역에서 반란이 있음을 선언하고 7만 5,000명의 연방군을 동원하라는 명령을 내렸다. 이틀 뒤 버지니아가 연방을 탈퇴했고 이어 아칸소, 테네시, 노스캐롤라이나가 뒤를 이었다. 연방과 남부연합 간의 피비린내 나는 전쟁이 시작되었다.

이 책은 미국이 지금까지 치른 전쟁 중 그 어떤 전쟁보다 참혹하고 많은 희생자를 낸 남북전쟁(American Civil War)의 원인, 과정, 결과를 살펴보고, 나아가 온전히 그 과정 속에 몸담고 있을 수밖에 없었던 링컨과 그의 리더십을 조망함으로써 남북전쟁과 링컨에 관한 역사적 의미를 다시 한 번 평가하는 데 그 목적이 있다.

남북전쟁의 배경과 원인

세계관의 차이: 지역감정

남북전쟁(1861~1865)은 북부연방과 남부연합 간에 벌어진 내전이다. 왜 전쟁이 일어났는가? 수세대에 걸쳐 역사가들은 연방의 해체를 가져온 전쟁의 원인을 연구해왔지만 그것이 무엇인지 정확히 일치를 보지 못하고 있다.

어떤 연구자들은 남부 농업 지역과 북부 산업 지역 사이에서 벌어진 경제적 이익의 충돌이라고 강조했다. 그러나 이 해석은 전쟁이 일어날 당시 사람들의 주요 관심을 반영하지 못한다고 비판받았다. 1850년대에 지역 간 주요 쟁점은 노예제도였다. 노예제도는 옳은 것인가 옳지 않은 것인가, 나아가 그것은 확대될 수 있는가 아니면 한정되어어야만 하는가를 둘러싼 논쟁과 갈등이었다. 따라서 어느 한 지역 또는 다른 지역에 이익이 되는 보호관세나 다른 경제적 조치에 대한 갈등은 부차적인 문제였다.

또 다른 연구자들은 이른바 매이슨-딕슨 선(Mason-Dixon line)[3] 양측에 있는 무책임한 정치가들과 선동가들에게 위기의 원인이 있었다고 강조했다. 당시 유력 정치가들이 해결할수도 있었던 문제들을 놓고 여론을 조장하여 흥분 상태로몰고 갔다는 주장이다. 하지만 이러한 관점은 노예제도 문제를 둘러싸고 생겨날 수 있는 감정의 골에 대한 이해가 없으며, 나아가 평화적으로 해결하는 데 방해가 되는 요소들을과소평가하는 것이라고 비판받았다.

어떤 연구자들은 하나의 제도로서 노예제도의 도덕성과유용성에 대한 심각한 이데올로기 차이에 그 위기의 뿌리가 있다고 주장했다. 이에 많은 연구자들이 남부는 노예사회이고 노예에 의해 생활방식이 확립되어 있었던 반면 북부는 자유노동에 의한 생활방식이 확립되어 있었다는 사실에갈등의 근원이 있다는 주장에 동의했다. 하지만 만약 독립전쟁 이후 남부가 노예제도를 폐지했다면 과연 지역주의가 그토록 확대될 수 있었을까 하는 의문이 남는다. 따라서 노예제도의 존재와 폐지만으로 왜 하필이면 전쟁이 그때 그렇게 일어났으며 그런 방식으로 일어났는가에 대한 명확한 설명을 하기에는 역부족이다.

왜 갈등이 그 전이나 그 이후가 아니라 하필이면 1850년 대가 되어서야 화해할 수 없는 지경으로 치달았는가? 왜 갈등이 주로 승격하기 전의 준주(準州) 지역에서 노예제도에 대한 미래를 놓고 투쟁하는 정치적 갈등의 형태를 띠었는가? 이 두 가지 질문에 대한 적절한 해답을 찾기 위해서는 노예제도를 둘러싼 긴장에 의해 직접 촉발되지 않은 1850년 대의 정치적 흐름에 대한 더 명확한 이해가 필요하다.

1850년대 들어 기존의 휘그당(Whig Party: 1833~1854)과 민주당(Democratic Party: 1828~)은 둘 다 유권자들에게 경제 문제에 대한 명확한 대안을 더 이상 제시하지 못하고 있었기 때문에 정당으로서 입지가 상당히 흔들리고 있었다. 기존 정당의 위기로 인해 새로운 정당과 새로운 현안이 발생했다. 1854년 이른바 '노나싱당(Know-Nothing)'이 이민을 배척하는 강경한 태도를 정치 지형 재편의 구실로 삼아 출현했으나 실패했다. 이후 새롭게 형성된 공화당(Republican Party: 1854~)이 준주의 노예제도 문제[4]를 부각시키면서 미국 역사상 최초로 성공적인 지역정당(북부 중심)을 만들어냈다. 그런데 공화당은 새롭게 확대되는 서부 지역에 흑인의 자유보다 '자유 토지(free soil)'를 우선순위의 주요 강령으로 삼았다. 왜냐하면 노예제도 폐지는 북부의 다수 백인들과 갈등을 겪을 수 있었고, 또 기존의 남부 노예제도에 대한 불간섭 원칙을 약속한 헌법 내용을 존중하는 의미에서 직접적인 노예제도 폐지는 어려웠기 때문이었다. 이로써 공화당과 그들의 강령은 남부인들에게 하나의 문제로 떠올랐다.

만약 냉담하고 무관심한 유권자들을 동원할 수 있는 뭔가 새로운 방법을 찾고 있던 정치인들이 지역 갈등의 주요 원인이었다면, 그들은 아마 더 효과적인 다른 문제를 부각시켰을 것이다. 왜 노예제도가 유독 1850년대 들어 그토록 중요한 문제로 등장하게 되었는가? 이전에도 논란이 있었지만 그 당시에는 적절히 해결되었다. 만약 노예제도 확장 문제가 1850년대와 같이 1820년대에도 매우 중대하고 감정적인 현안으로 부각되었다면, 어쩌면 1800년 공화파의 토머스 제퍼슨(Thomas Jefferson)이 대통령이 된 이후로 몰락해가던 연방파가 새롭게 편입되어간 준주 지역에서 노예주(奴隷州)의 인정을 단호하게 반대하면서 북부 중심의 지역정당 형태로 되살아났을지 모를 일이었다.

따라서 궁극적으로 1850년대의 갈등과 위기는 단순히 정치적 차원만이 아니라 더 깊은 사회적·문화적 차원에서 이해되어야만 한다. 『톰 아저씨의 오두막(Uncle Tom's Cabin)』에서 해리엇 스토(Harriet B. Stowe)는 비슷한 성격을 가진 두 형제(한 명은 자유 토지의 "바위와 돌이 가득한" 버몬트에 정착했고, 다른 한 명은 노예제도로 인하여 "사람을 지배하는" 루이지애나에 정착했다)를 이야기하면서 문화적 갈등을 구체적으로 묘사했다. 형은 교회 집사로 지역 노예제도폐지협회 회원이 되었는데 본래는 권위주의적 성격이 강했지만 여기에서는 평등사상이 강한 인물이 되었다. 반면 동생은 신앙에는 전혀 무관심해지고 남부 귀족 성향을 노골적으로 드러내면서 노예제도 신봉자이자 극단적 인종차별주의자가 되었다. 스토의 이러한 비교에는 편견이 들어 있을 수 있다. 하지만 이는 노예제도와 자유에 대한 대조되는 환경이 너무나 비슷했던 두 사람을 세계관의 첨예한 갈등을 겪는 사람들로 만드는 데 얼마나 큰 역할을 했는지를 잘 보여주고 있는 것이다.

지역에 따른 기본 가치와 믿음의 분열이 1820년대부터 1850년대 사이에 점점 커져갔고 궁극적으로 어찌할 수 없는 지경에까지 이르렀다. 남과 북 두 지역 모두 개인의 자유와 독립 등 전통적인 공화주의 이상을 강하게 믿었고, 나아가 종교적으로도 서로 강한 영향을 주고받았다. 하지만 시간이 흐르면서 두 지역의 경제와 사회 발전의 차이는 공통점을 가진 한 문화를 서로 갈등하는 두 문화로 변형시켜버렸다. 북부에서는 성장하는 중산계급이 자기수양과 사회개혁을 강조하는 새로운 시장경제체제에 잘 적응했다. 반면 남부에서는 노예제도를 백인의 자유와 독립을 위한 토대로 이용했다. 종교에서도 남부는 개인적 경건함에 중점을 두었다면 북부는 사회개혁에 중점을 두었다. 남부에서는 백인의 자유와 평등이란 사회경제적 변화를 단호히 거부하는 데 달려 있으며 또 기존 흑인 노예들을 단순노동에 계속 묶어두어야만 가능하다는 생각이 갈수록 강해졌다.

그러므로 정치가들이 1850년대 들어 지역감정에 호소했을 때 그들은 좋은 사회를 어떻게 구성해야 하는가를 두고 서로 대립되는 견해를 나타냈다. 게으른 주인과 질 떨어지는 자유롭지 못한 노동자와 무능하고 가난한 백인으로 구성되어 있던 남부는 대부분의 북부인들에게 프로테스탄트 근로윤리와 공개경쟁의 이상을 완전히 위반하는 것으로 보였다. 반면 남부인들은 북부를 자유시민의 덕성과 독립과 자유는 인종적으로 저급한 노동계급이 엄격한 통제 아래 있을 때만 가능하다는 명백한 사실을 거부하는 위선적인 탐욕가들의 땅으로 보았다.

북부 공화당원의 견해를 따르면 개인의 자유는 모든 사람들에게 기회의 균등을 보장할 때 가능했다. 하지만 남부 지역주의자들에게 개인의 자유는 인구의 일부가 노예여야만 가능했다. 이러한 상반된 세계관이 정치적 담론의 핵심 주제로 떠오르자 두 지역 간 타협은 더 이상 불가능해졌다.

1850년 타협[5]

식민지 시대부터 미국은 남북이 서로 다른 모습으로 발전해왔다. 남부 지역은 대농장을 바탕으로 하는 농업이 중심이었다. 식민지 초기에는 담배가 주요 환금작물이었으나 독립을 전후하여 밀이나 쌀 등으로 바뀌었다. 그러다 영국과 유럽에서 산업혁명이 일어나고 면화의 수요가 급증하자 남부 지역 대부분에서 면화가 주산물로 자리 잡았다.[6] 문제는 노동력이었다. 당시 영국 등에서 막 사라지기 시작했던 노예제도는 미국 남부 면화농장을 중심으로 다시 발달했다. 남부로서는 인건비 부담이 큰 자유노동보다 싼 가격에 또는 공짜로 부릴 수 있는 노예노동이 너무나 매력적이었다. 이 때문에 "모든 인간은 자유롭게 태어났다"는 보편적인 가치를 담고 있는 헌법을 만들면서도 흑인 노예제도를 없애지 않았다. 또한 남부는 원재료를 팔고 유럽으로부터 생활에 필요한 제조 상품을 사 와야 했기 때문에 무역에서 저율의 관세를 원했다.

반면에 북부 지역은 상공업 중심으로 성장하여 자유로운

임금노동자가 노동력의 주축을 이루고 있었기에 가능한 노예 신분에서 해방된 자유노동자가 산업예비군으로 형성되기를 원했다. 그래야만 더 싼 가격의 임금노동자를 쓸 수 있었기 때문이었다. 또한 북부는 제조업을 통해 필요한 물건들을 스스로 만들어 사용하고 남는 것은 팔기 위해 유럽 상품들이 미국에 들어오는 것을 막는 고율의 관세를 원했다.

독립 후 19세기 초를 거치면서 두 지역의 차이는 심화되어갔지만 그렇게 심각한 문제는 발생하지 않았다. 그러나 새롭게 서부가 개척되고 연방으로 편입되어가면서 상황이 변하기 시작했다. 서부를 어느 편으로 편입하느냐 하는 것이 곧 연방의 정치와 경제에 대한 권한을 남부가 주도하느냐, 아니면 북부가 주도하느냐 하는 것과 직결되었기 때문이다. 이러한 이유로 남부와 북부는 서서히 대립하기 시작했다. 1819년까지 노예주와 자유주는 각각 11개로 세력균형을 이루고 있었는데, 이때 인구 6만 명을 넘긴 서부의 미주리가 노예주로 연방 가입을 신청하자 지역 간 갈등이 시작되었다. 하지만 미주리가 노예주가 되는 대신 동시에 북부의 메인이 자유주로 연방 가입을 신청함으로써 남북 간 타협을 이루어내 갈등을 잠재웠다. 이른바 '미주리 타협(Missouri Compromise)'으로 알려진 이 타협안에 북위 36도 30분 이북에는 노예주를 설치하지 않을 것과 연방에는 항상 노예주와 자유주를 동수로 유지할 것을 명시했다. 하지만 이 타협은 더 큰 분열과 갈등을 앞둔 미봉책에 불과했다.

그 후 텍사스 병합과 멕시코 전쟁을 통해 서부개척이 본격화되면서 지역 간 갈등은 다시 불거지기 시작했다. 새롭게 개척된 텍사스, 캘리포니아, 오리건, 그리고 뉴멕시코 등 서부 지역이 노예주가 되느냐, 아니면 자유주가 되느냐는 그동안 그랬던 것처럼 지역 갈등을 다시 촉발시키는 중요 원인으로 작용했다. 이 지역들이 도로망 건설이나 철도 부설 등의 경제 지원을 약속하는 북동부 지역 편을 들어 자유주로 연방 가입을 추진하는 분위기가 일자 남부는 과거 어느 때보다 강력한 반대를 이끌었다. 새로 개척된 지역을 노예주로 할 것인가 자유주로 할 것인가를 놓고 노예제도 찬성론자와 노예제도 폐지론자 또는 반대론자가 첨예하게 대립하는 가운데 그동안 수많은 이념 논쟁을 벌여왔고, 1850년이 되자 급기야 이는 정치적인 문제로 대두되었다. 다시 연방 해체의 위기를 직감한 노정객 헨리 클레이(Henry Clay)가 중재안을 제시했다.

- 캘리포니아는 자유주로 연방에 가입할 것.
- 멕시코로부터 획득한 나머지 지역은 뉴멕시코와 유타로 분할하고 노예제도 인정 여부는 추후 주민 의사에 따라 결정

할 것.

- 텍사스는 뉴멕시코와 경계 분쟁에서 양보하고 연방정부는 그 대가로 텍사스 주의 빚을 대신 인수할 것.
- 연방 수도인 컬럼비아 자치구에서는 노예제도를 폐지하지 않지만 노예 매매를 금지할 것.
- '도망노예 송환법(Fugitive Slave Act)'을 강화하여 남부에서 북부로 도망친 노예에 대한 체포와 단속을 강화할 것.[7]

하지만 이 타협안에 대해 남부는 남부대로 북부는 북부대로 반대했다. 남부의 입장을 대변하는 존 칼훈(John Calhoon)은 의회 연설을 통해 북부가 남부에 동등한 영토권을 부여하고, 도망노예 송환법을 지키며, 노예제도에 대한 비난을 금지하고, 지역 간 세력균형을 보장하는 헌법 수정조항을 만들어야 한다고 주장했다. 칼훈은 만약 이것이 관철되지 않는다면 연방 탈퇴도 불사하겠다고 강경한 입장을 표명했다. 하지만 북부에서 볼 때 칼훈의 요구를 받아들이는 것은 남부에 북부가 비참한 항복을 하는 것과 같았다. 특히 도망노예 송환법의 강화는 막 노예주를 도망친 노예들뿐 아니라 이미 오래전부터 노예가 아닌 상태로 자유주에 살고 있는 흑인들까지 도망노예로 판정되어 남부로 강제 이송되는 사례가 발생할 수 있었다. 우여곡절 끝에 1850년 9월 일리노이 출신의 민주당 상원의원인 스티븐 더글러스(Stephen Douglas)는 클레이가 제시한 일괄 안을 버리고 법안 한 가지씩을 분리하여 표결함으로써 이른바 '1850년 타협안'을 통과시켰다. 하지만 이 타협은 위에서 살펴본 바와 같이 오히려 남북 간 갈등의 골을 더 깊게 만들었을 뿐이었다.

1850년 타협에 따라 캘리포니아가 자유주로 연방에 가입하면서 그때까지 지켜지고 있던 자유주와 노예주의 세력균형이 16대 15로 깨졌다. 남부는 타협안이 내포하고 있는 의미가 남부에 유리함에도 수적 열세에 대한 트라우마에서 벗어나지 못하면서 노예제도 유지를 위해 연방 탈퇴를 불사하겠다는 강경 입장을 내놓았다. 북부에서는 도망노예 송환법을 염두에 두고 1840년 이후 남부 노예주에서 북쪽 자유주나 캐나다로 도망하도록 돕는 이른바 '지하철도(Underground Railroad)'[8] 활동을 공공연히 지원했다. 이 활동을 통해 노예주를 탈출한 주요 인물로는 프레더릭 더글러스(Frederick Douglas)와 해리엇 터브먼(Harriet Tubman)이 유명하다. 더글러스는 노예제도 폐지 활동을 통해 흑인 최초로 연방 상원의원이 된 사람이다. 터브먼은 남북전쟁이 일어나기 전까지 무려 300명 이상의 노예들을 지하철도로 이끌었고 전쟁 때는 약 750명을 탈출시키는 데 성공한 지하철도 최고의 차장이었다. 남부는 그녀를 체포하는 데 4만 달러의 현상금을 내걸기도 했다.

도망노예를 강제로 이송하는 사례가 늘자 북부는 노예제
도야말로 도덕적으로 사악한 것으로 반드시 사라져야 한다
고 보았다. 특히 1852년 해리엇 스토 부인이 노예제도의 비
도덕성을 고발하는 『톰 아저씨의 오두막』을 출간하자마자
단번에 30만 권 이상이 팔려 북부 지역의 반노예제도 정서
를 더욱 강화시켰다. 심지어 노예제도를 정면으로 비판하는
이 책에 대해 강한 반감을 가진 남부 지역에서조차 크게 유
행했고 세계 여러 언어로 번역되어 1년 만에 무려 150만 부
가 팔려 나갔다. 서점이나 물류 시스템 같은 기반시설이 턱
없이 부족하던 19세기 중반의 기준으로 볼 때 이 숫자는 가
히 천문학적이라 할 수 있다. 이 책은 세계 여러 곳에서 연극
으로도 공연되었고 어떤 곳에서는 '톰쇼(Tom Show)'라는 이
름의 악극으로도 제작되었다. 백인에게 굽실대는 흑인을 경
멸하는 이른바 '엉클 톰'이라는 말이 이때부터 생겨났다. 책
이 엄청나게 유행하여 스토 부인은 당대 최고의 여류 작가
로 명성을 얻었지만 그에 따른 경제적 이득은 크게 보지 못
했다. 아직 '지적재산권' 개념이 없어 여러 곳에서 해적판이
난무했기 때문이었다. 이 책은 미국 역사상 처음으로 백인
들이 노예의 비참한 생활과 그들의 고통에 대해 인식하도록
했다는 데 큰 의의가 있다. 하지만 노예제를 사회경제적 기

반으로 삼고 있던 남부에서는 이 책과 작가에 대한 분노를 불러일으켰다. 남부에서 스토 부인은 거짓말쟁이나 세상물정 모르는 숙맥 정도로 치부되었으며 심지어 그녀의 집으로 복종을 거부한 노예의 잘린 귀가 전달되기까지 했다. 그럼에도 노예제도의 부당성과 비인간성에 대해 스토 부인이 만들어낸 심리적 영향은 실로 엄청난 것이었다. 남북전쟁이 한창일 때 스토 부인을 만난 링컨은 다음과 같이 말했다.

이렇게 작은 여인인 당신이 그토록 큰 전쟁을 일어나도록 만든 그 책을 썼단 말입니까.[9]

캔자스 – 네브래스카 법과 그 여파

1850년대가 깊어갈수록 남부와 북부의 갈등과 대립은 더욱 극심해졌다. 더욱이 서부에 새로운 영토가 개척되고 동부의 기존 주들과 연결하는 대륙횡단철도 부설 문제가 부각되자 남과 북은 더욱더 첨예하게 대립했다. 남부 사람들은 남부의 새로운 대표 주자인 미시시피 출신 상원의원 제퍼슨 데이비스를 내세워 세인트루이스, 멤피스, 뉴올리언스를 통과하는 남부선을 추진했다. 데이비스는 남부선을 추진하기 위해 멕시코 영토인 애리조나와 뉴멕시코 지역 일부를 사들였다. 데이비스는 1853년 이 일을 남부 철도업자인 제임스 개즈던(James Gadsden)에게 맡겼는데 이를 두고 역사는 '개즈던 매입(Gadsden Purchase)'이라고 부른다.

이에 북부 사람들은 북부의 새로운 대표 주자라 할 수 있는 일리노이의 스티븐 더글러스를 내세워 대륙횡단철도는 남부가 아니라 시카고를 통과하는 북부선이 추진돼야 한다고 주장했다. 장차 대통령을 꿈꾸고 있던 더글러스는 북부 사람들의 바람에 부응하여 무엇인가 확실한 일을 하고자 했다. 이에 더글러스는 아이오와와 미주리 서부의 거대한 새로운 영토를 주로 만들어 연방에 가입시키고자 했다. 그는 이를 통해 대륙횡단철도의 북부선을 관철시키고 자신의 입지도 강화시키고자 했다. 그러나 이 지역은 북위 36도 30분을 기준으로 삼은 미주리 타협에 따르면 자유주가 될 운명이었기에 남부의 반대가 불 보듯 뻔했다. 이에 더글러스는 국가 발전이나 공적인 대의보다 자신이 북부선을 관철시켜 다가오는 1856년 대통령 선거에서 민주당 후보가 되고자 하는 개인적 욕심에서 한 가지 일을 추진했다. 이 새로운 영토를 네브래스카라는 주로 승격시키고 자유주가 될 것인가 노예주가 될 것인가는 '주민 주권(popular sovereignty)'에 따르기로 한다는 내용의 법안을 제출한 것이다. 이에 대부분의 북부인들은 새로운 영토가 자유주가 되는 것을 당연하게 생각했기 때문에 더글러스의 제안이 당연히 미주리 타협에 위배되는 말도 되지 않는 발상이라 여겼다. 하지만 철도 부설에 더 큰 관심을 가진 일부 북부인들은 더글러스의 제안에 찬성했다. 새로운 땅에 그동안 금지되었던 노예주가 들어설 가능성을 인식한 남부인들은 더글러스를 압박하여 미주리 타협의 반노예제도 조항을 없애고, 새로운 영토를 둘로 갈라 북쪽 네브래스카는 자유주로 남쪽 캔자스는 노예주로 할 것을 요구했다. 이것이 얼마간의 타협을 통해 이른바 '캔자스-네브래스카 법(Kansas-Nebraska Act)'으로 만들어졌다.

그러나 이 법은 더글러스가 의도했던 대로 흘러가지 않았다. 이 법으로 인해 그동안 통용되던 휘그당과 민주당이라는 정당에 의한 구분보다 남부와 북부라는 지역에 의한 구분이 한층 뚜렷하게 대두되었다. 1852년 대통령 선거에서 패배한 휘그당은 이 법을 막지 못한 책임으로 점점 그 세력이 약화되어갔고, 민주당 북부 세력 역시 남부에 유리한 이 법에 불만을 품고 당을 떠나기 시작했다. 말하자면 지역 전쟁인 남북전쟁의 서막이 본격화되기 시작했던 것이다. 결국 이 법의 탄생은 휘그당의 일부와 민주당을 떠난 북부 세력이 모여 북부 중심의 노예제도 반대 강령을 내세운 새로운 정당인 공화당을 탄생시켰다.[10]

이 법이 불러온 더 큰 여파는 남북전쟁의 전초전이라 할 수 있는 '피의 캔자스' 사태였다. 이 법에 따라 남쪽 캔자스는 주민투표를 실시했고 남부 사람들의 바람대로 노예주가 되는 것으로 결정 났다. 하지만 이런 결과가 나온 것은 인접한 노예주인 미주리 주민들이 남부의 무장 세력 지원과 경제적 도움을 받아 캔자스로 건너와 불법 투표를 했기 때문이었다. 분노한 자유주 옹호론자들은 투표 결과를 무시하고 자신들만의 제헌의회를 구성하여 주지사를 선출하고 자유주로 연방 가입을 추진했다. 이에 친노예제도 세력은 보안관과 지역 민병대를 동원하여 자유주 옹호론자들이 모여 있던 로렌스를 급습하여 마을을 약탈하고 다섯 명을 살해했다. 곧바로 보복이 이어졌는데 스스로를 '노예제도를 말살하는 신의 도구'라고 여긴 존 브라운(John Brown)이 추종자들을 이끌고 친노예제도 정착민 다섯 명을 잔인하게 살해한 후 절단된 몸을 길거리에 전시했다. 이후 캔자스에서는 유혈 갈등이 계속되어 이른바 '피의 캔자스' 사태를 낳았다.

여파는 꼬리에 꼬리를 물고 계속되었다. 이제 연방 상원으로 불똥이 튀었다. 철저한 노예제도 반대주의자인 매사추세츠의 찰스 섬너(Charles Sumner)가 상원 연설에서 남부의 사우스캐롤라이나 출신으로 열렬한 노예제도 찬성론자인 앤드루 버틀러(Andrew Butler)를 두고 다음과 같이 말했다.

그는 스스로를 기사도를 잘 아는 기사로 생각하고 있습니다. 물론 그는 기사의 맹세를 할 여인을 선택했습니다. 다른 사람에게는 정말 못생겼을지 몰라도 자신에게는 항상 사랑스럽게 보였던 것입니다. 비록 세상 사람들 모두에게는 더럽고 천하게 보이지만 자신에게는 순결하게 보였던 것입니다. 말하자면 그는 창녀[노예제도]를 안주인으로 모시는 돈키호테와 같습니다.[11]

이에 버틀러의 조카이자 역시 열렬한 노예제도 찬성론자인 사우스캐롤라이나 출신 연방 하원의원 프레스턴 브룩스(Preston Brooks)는 몹시 분노했고 섬너를 공개적으로 징벌하고자 했다. 위의 연설이 있고 며칠이 지난 후 브룩스는 상원에서 휴식을 취하고 있는 섬너에게 몰래 다가가 무거운 지팡이로 섬너의 어깨와 머리를 다짜고짜 내리쳤다. 이 사건으로 섬너는 북부의 여러 곳에서 '남부의 야만성에 희생당한 위대한 순교자'로 칭송받았고 브룩스 역시 남부에서 영웅이 되었다. 남부 여러 곳에서 브룩스에게 '잘했어' '더 패줘'라는 문구가 적힌 지팡이를 선물로 보내왔다.

드레드 스콧 판결

지역 간 대립은 1856년 대통령 선거를 놓고 잠시 주춤했다. 이제 막 당을 정비하기 시작한 공화당은 서부 지역 탐험가로 전국적인 명성을 얻은 존 프리몬트(John Fremont)를 후보로 내세웠다. 이에 맞서 민주당은 오랫동안 외교관 생활을 하여 남과 북에서 그동안 피의 캔자스 사태 등의 갈등 중에도 적을 만들지 않은 제임스 뷰캐넌(James Buchanan)을 후보로 내세웠다. 민주당은 북부 지역에서 많은 표를 잃었지만 그럼에도 뷰캐넌이 프리몬트를 누르고 대통령에 당선되었다.[12] 이념적·지역적으로 국가가 둘로 갈라지려는 상황에서 국가 최고 책임자의 강인하고 효율적인 리더십 발휘는 너무나 절실했다. 하지만 뷰캐넌은 너무나 소심하고 우유부단한 대통령이었다. 게다가 그 어느 때보다 세력균형이 절실한 시기에 남부 편만 드는, 균형 감각이 턱없이 부족한 대통령이었다. 그가 취임한 지 이틀 후에 1834년부터 시작된 한 소송 사건에 대한 최종 판결이 대법원에서 내려지게 되었다. 그것은 '드레드 스콧 대 샌퍼드 판결(Dred Scott v. Sanford)'이었는데 이 재판은 미주리 주 노예인 드레드 스콧이 군의관인 주인을 따라 자유주인 일리노이로 가서 머물다가 다시 미주리로 오면서 시작되었다. 노예제도 반대 세력들이 스콧을 도와 소송을 제기했다. 자유주에 오랫동안 살았으므로 자유인이 되었다는 주장이었다. 사실 그들은 스콧이 개인적으로 자유를 확보하는 것보다 노예제도 문제를 더 크게 부각시켜 이에 대한 연방법원의 결정을 확보하고자 했던 것이다.

기나긴 논쟁 끝에 드디어 대법원의 판결이 내려질 상황에서 새로 대통령이 된 뷰캐넌은 노예제도 반대 의견을 가진 로버트 그리어(Robert Greer) 판사를 회유하여 노예제도 찬성 의견에 표를 던지도록 개입했다. 엄연히 독립되어 있어야 할 사법부에 대한 대통령의 간섭이었다. 결국 재판에서 스콧이 노예라는 편에 5표, 노예가 아니라는 편에 2표가 나와 스콧은 노예로 남게 되었다. 드레드 스콧 재판에서 판결 결과보다 대법원장 로저 토니(Roger Taney)의 판결문이 더 중요한 의미를 가지고 있다.

첫째, 자유민이든 노예든 상관없이 흑인은 시민의 자격이 없었으므로 법정에 설 자격이 없다.

둘째, 스콧은 결코 노예 상태에서 벗어난 적이 없었으므로 노새나 말과 다름없는 주인의 소유물이지 시민이 아니다.

셋째, 따라서 노예는 재산이고 재산은 미국 헌법 수정조항 제5조로 보호되기 때문에 의회는 미국 어디에서든 노예를 포함한 시민의 재산을 빼앗을 권리가 없다.[13]

이 판결문은 노예제도 문제를 두고 그동안 이루어진 미주리 협정이나 1850년 타협 등 남북 간 세력균형의 원칙을 무용지물로 만들어버렸다. 이 판결로 남부는 노예제도를 완전한 권리로 확보하고 북부와 공화당을 압박할 수 있으리라 생각했다. 하지만 그 추이와 결과는 전혀 다르게 전개되었다. 북부는 물론 그동안 입장 표명이 분명치 않았던 델라웨어, 켄터키, 메릴랜드, 미주리 등 경계주(境界州)들에서 많은 사람들이 노예제도 반대 입장을 표명하고 공화당으로 몰려들었다. 또한 뷰캐넌이 이 판결에 관여한 것이 밝혀지면서 대통령과 사법부가 북부와 공화당을 파괴하기 위한 음모를 꾸미고 있다고 각인되었다.

링컨─더글러스 논쟁

그런 중에 1858년 중간선거가 다가왔다. 이때 여러 선거 중에서 유독 일리노이 주 연방 상원의원 자리를 놓고 겨룬 선거가 전국적인 관심거리가 되었다. 그것은 유력한 차기 대통령 후보로 북부 민주당의 영수인 더글러스와 무명 정치가에 불과하지만 유머와 재치로 무장한 공화당의 신예 링컨이 맞붙었기 때문이었다(오늘날에도 정당들은 거물 정치인을 상대로 신예 후보를 발탁하는 경우가 종종 있다). 두 사람은 당대 최고의 관심사인 노예 문제를 두고 이른바 '링컨-더글러스 논쟁'으로 알려진 일곱 차례 공개 논쟁을 벌였다. 링컨이 공화당 후보로 지명되었을 때 그는 다음과 같은 연설을 통해 스스로의 존재 이유를 전국적으로 각인시켰다.

둘로 나누어져 서로 적대하는 집안은 결코 유지될 수 없습니다. 나는 이 정부가 절반은 노예제도를 유지하고, 절반은 자유로운 채 영속적으로 유지될 수 없다고 믿습니다. 나는 연방이 해체되는 것을 원하지 않습니다. 나는 집이 무너지는 것도 기대하지 않습니다. 나는 다만 이 분열이 끝나기만을 바랍니다. 그것만이 모두가 하나 되는 길입니다.[14]

더글러스가 링컨의 이 연설을 두고 '내란'을 생각하고 한 발언이라고 비난하자 링컨은 노예제도에 대한 자신의 입장을 분명히 밝혔다. 링컨은 "노예제도가 악이 아니면 무엇이 악이란 말입니까?"라면서, 헌법이 보장하는 현재 노예제도가 존재하고 있는 지역에 대해서는 노예제도에 대해 간섭할 생각이 없지만 노예제도가 더 이상 확장되는 것은 단호하게 반대한다고 말했다. 그리고 그는 노예제도가 언젠가는 사라질 것이라고 말했다. 나아가 링컨은 노예제도에 대해 자신의 생각은 밝히지 않은 채 노예제도 문제를 주민 의사에 따라 결정한다는 더글러스의 주민주권론과 지금까지의 모든 논의를 무시하고 어디에서나 노예제도를 인정할 수 있는 드레드 스콧 판결 사이의 모순을 설명해줄 것을 요구했다. 전혀 예상하지 못한 링컨의 질문에 당황한 더글러스는 "대법원의 결정과 관계없이 주민들은 노예제도를 받아들이거나 배격할 권리를 가지고 있다"라고 선언했다. 이 선언으로 더글러스는 일리노이에서 상원의원에는 당선되었지만 드레드 스콧 판결로 고무되어 있던 민주당의 주류인 남부인들로부터는 철저하게 배척받았다.

존 브라운의 봉기

중간선거가 끝나자 남북 간 갈등을 증폭시키는 또 다른 사건이 일어났다. 그동안 도덕적 차원에서 언론에 호소도 해보고, 소설을 통해 사회 여론을 환기시켜보기도 하고, 의회와 법을 통한 힘겨운 투쟁도 해보았지만 노예제도는 견고하게 그대로 버티고 있었다.

이에 더 직접적인 행동으로 노예제도를 없애야만 한다는 생각이 나타나기 시작했다. 이런 분위기에서 '피의 캔자스'

사태 주인공이었던 존 브라운이 1859년 다시 나타나 노예제도 폐지를 위한 십자군운동의 깃발을 꽂았다. 그는 뉴잉글랜드 지방의 노예제도 반대 세력들의 도움으로 자금을 마련하여 남부 버지니아에서 연방 무기고를 탈취한 뒤 노예들을 무장시켜 흑인공화국을 세우고 노예주를 상대로 전쟁을 벌인다는 계획을 세웠다. 그는 다소 무모한 이 계획을 실천에 옮겼다.

이 소식이 전해지자 뷰캐넌 대통령은 그의 목에 250달러의 현상금을 내걸었다. 이에 브라운은 대통령의 목에 20달러 50센트의 현상금을 내걸었다. 브라운은 노예들을 모을 수 있는 유일한 사람은 당시 노예제도 폐지 운동가로 유명한 프레더릭 더글러스라고 생각하고 그에게 도움을 청했다. 하지만 더글러스는 연방 무기고를 공격한다는 브라운의 계획이 너무나 터무니없다고 생각했기 때문에 반대했다. 비록 또다른 유명한 노예제도 폐지 운동가인 해리엇 터브먼은 동참했지만 브라운의 요구에 따른 사람은 자신의 아들 3명을 포함하여 단 15명에 불과했다.

1859년 10월 16일 브라운 일당은 버지니아 하퍼스 페리에 있는 연방 무기고를 탈취했으나 곧바로 로버트 리(Robert Lee) 대령이 이끄는 민병대에 의해 사살되거나 체포되었다. 체포된 브라운은 교수형에 처해졌으며 남부는 그를 두고 미치광이, 정신병자, 광신자, 열광자 등으로 불렀다. 하지만 북부는 그를 정의로운 운동의 위대한 순교자로 여겼다. 심지어 유명한 헨리 데이비드 소로(Henry David Thorcau)는 그를 "그리스도와 같은 인물"이라 말했고, 랠프 에머슨(Ralph Emerson)은 "브라운의 교수대는 십자가 못지않은 영광을 누리게 될 것"이라고 말했다.[15]

브라운의 폭력이 북부에서는 물론 여러 유명한 사람들에 의해 찬양되는 것을 본 남부 사람들은 격앙하지 않을 수 없었다. 그들은 그동안 널리 알려지지는 않았지만 남부 백인들 사이에서 쉬쉬하면서 알고 있던 노예 반란에 대한 두려움이 생생하게 되살아났다.[16] 그들이 가장 두려워한 노예 반란은 냇 터너(Nat Turner)에 대한 기억이었다. 1831년 터너는 약 70명의 노예들을 이끌고 버지니아 사우스햄턴이라는 지역을 죽음과 공포의 도가니로 만들었다. 터너는 주인을 비롯한 약 50명의 백인들을 닥치는 대로 살해했다. 반란은 군대에 의해 쉽게 진압되었지만 노예 반란에 대한 백인들의 공포심은 생생하게 남았다.

브라운의 봉기로 노예 반란에 대한 공포가 되살아난 남부인들은 북부인들이 노예들을 도와 남부의 생활방식을 완전히 파괴할지 모른다는 두려움에 휩싸였다. 그럼에도 불구하고 북부인들은 물론이고 남부인들 대부분이 연방 탈퇴는 단지 상대방을 겁주기 위한 엄포라는 것을 인정하고 있었다.

링컨의 대통령 당선

그런데 너무나 갑자기 사우스캐롤라이나를 필두로 연방 탈퇴가 현실이 되었다. 남부도 북부도 서로가 원하지 않았던 연방 탈퇴가 일어난 원인은 도대체 무엇일까? 이 문제는 남북전쟁이 왜 일어났는가 하는 문제와 더불어 그동안 수없이 논의되고 설명되어왔다.

연방 탈퇴를 즈음하여 남부인들은 북부인들에게 다양한 면에서 일종의 피해의식을 느끼고 있었던 것 같다. 남부인들은 경제적인 면(산업, 금융, 제조, 교통 등)에서 이에 대한 지배권을 가지고 있는 북부인들에게 적지 않은 피해의식을 느끼고 있었다. 또한 남부인들은 정치적인 면(공화당 중심의 의회, 공화당 출신의 대통령)에서도 주도권을 장악한 북부인들에게 너무나 큰 피해의식을 가지고 있었다. 나아가 더 직접적인 요인으로 작용한 것으로, 남부인들은 사회적인 면(노예노동을 통한 생활 영위)에서 북부가 남부 고유의 생활방식을 파괴한다는 피해의식을 강하게 느끼고 있었다. 물론 여기에는 '니그로' 세상이 도래하여 남부인들의 고귀함을 더럽힐 수 있다는 심리적인 요인 또한 크게 작용했다. 보다시피 어느 특정 요인이 남부인들로 하여금 연방 탈퇴를 감행하게 했다고 할 수 없다. 아마 이런 여러 요인들이 복합적으로 작용하지 않았나 생각된다. 그럼에도 불구하고 오늘날 많은 연구자들은 사회적인 면에서 남부인들이 느낀 피해의식을 연방 탈퇴의 가장 큰 원인으로 지적하고 있다.[17]

이런 와중에 1860년 대통령 선거가 다가왔다. 링컨-더글러스 논쟁에서 남부 민주당원들은 노예제도에 대해 어정쩡한 태도를 보인 더글러스에게 실망을 감추지 못했다. 결국 민주당은 대통령 선거에서 분열될 수밖에 없었다. 북부 민주당은 더글러스를, 남부 민주당은 존 브레킨리지(John C. Breckinridge)를 대통령 후보로 각각 선출했다. 이에 비해 공화당은 노예제도 반대라는 분명한 당의 정체성을 확립한 상태에서 북부 지역에서 대대적인 지지를 얻고 있었다. 공화당은 비록 대통령 후보 선발 과정에서는 약간의 분열이 있었지만 링컨이 후보로 결정되자 군건하게 단결했다. 결국 링컨은 남부 주에서는 단 한 표도 얻지 못했지만 북부 자유주에서 99퍼센트의 지지를 받아 대통령에 당선되었다. 링컨의 대통령 당선이 남부의 연방 탈퇴에 대한 직접적인 요인으로 작용했는지 모르지만 그것은 적어도 남부인들이 그동안 느끼고 있었던 피해의식에 또 하나의 결정적 피해의식을 더해주는 요인으로 작용했던 것으로 보인다. 남부인들은 링컨을 특별히 싫어하지 않았다. 단지 링컨이 남부인들이 몹시 싫어하고 피해의식을 가지도록 만든 북부, 공화당, 노예제도 반대 등의 편에 있는 인물이었기 때문에 그의 대통령 당선은 남부인들이 도저히 참을 수 없는 피해의식으로 작용했던 것이다.

그동안 남부 주의 대표 격인 사우스캐롤라이나가 도화선에 불을 댕겼다. 링컨이 대통령에 당선된 후 곧바로 사우스캐롤라이나 주 의회는 투표를 통해 연방 탈퇴를 결의했다. 대통령 뷰캐넌은 주는 연방으로부터 탈퇴할 권리가 없다고 말했지만 그것은 말뿐이었고 아무런 조치도 취하지 않았다.

남북전쟁과 링컨

전력 분석과 명분

만약 전쟁이 겉으로 드러나는 전력에만 좌우된다면 북부가 초기에 승리했을 것이다. 북부는 표에서 보는 바와 같이 인구, 노동자 수, 공장 수, 산업 생산량, 철도 등에서 남부보다 훨씬 유리했다.

그러나 남부도 여러 면에서 유리한 점이 있었다. 연방으로부터 독립을 쟁취하기 위해 남부연합은 단순히 자신들의 영토를 잘 지키기만 하면 되었다. 반면에 북부는 남부 영토로 쳐들어가 그들을 굴복시켜야만 하는 어려움이 있었다. 따

전쟁 전 남과 북의 전력 비교(1861)[18]

내용	북부	남부
주	23개	11개
인구	2,200만 명 (전투 연령 도달 남성 400만 명)	900만 명 (흑인 노예 350만 명, 전투 연령 도달 남성 120만 명)
산업 노동자 수	130만 명	11만 명
산업 생산량	15,000,000,000달러	155,000,000달러
공장 수	11만 개	1,800개
철도 길이	22,000마일	9,000마일
은행 예금액	189,000,000달러	47,000,000달러
순금 보유액	56,000,000달러	27,000,000달러

라서 남부연합은 전쟁물자 공급 문제에서 어려움이 덜했으며, 아울러 전투를 준비하기 위한 시간을 더 많이 가질 수 있고 전투 장소도 선택할 수 있는 큰 이점을 가지고 있었다. 뿐만 아니라 지형지물에 익숙하다는 점과 민간인들이 우호적이라는 점도 남부연합에 유리하게 작용했다.

　전쟁 명분에서도 남부연합의 리더들은 남북전쟁을 양키 침략자들에 대항해 자신들의 고향을 방어하기 위한 행위로 규정했다. 이에 비해 북부연방의 리더들은 남부연합만큼 대의명분이 분명치 않았다. 링컨 대통령은 물론 대부분의 북부 리더들이 전쟁 명분으로 내세운, 연방은 신성하며 영원해야 한다는 주장은 다소 모호하기까지 했다. 전쟁을 시작할 때만 하더라도 노예를 해방해야 한다는 명분은 고려 대상이 아니었다. 특히 연방은 남과 북의 경계선에 인접해 있는 4개 노예주들(메릴랜드, 델라웨어, 켄터키, 미주리)의 연방 탈퇴를 막기 위해 노예제도 폐지에 대한 언급을 거의 하지 않았다.[19]

남부연합은 타협안을 고려하면서 나름대로 전쟁을 피하려고 노력했지만 그럼에도 그들은 결국 전쟁을 선택했다. 남부연합이 북부연방에 비해 전력에서 훨씬 뒤짐에도 전쟁을 선택한 데는 다소 모호하지만 상당히 낙관적으로 생각한 요인이 있었다. 그것은 말을 타면서 총을 쏘는 데 능수능란한 대부분의 남부연합 군인들은 북부연방의 군인의 대부분을 구성할 것으로 여겨지는 점원이나 공장 노동자들보다 훨씬 뛰어난 자질을 갖춘 군인이라는 널리 퍼진 생각이었다. 남부에 고향을 둔 여러 고위 장교들이 남부연합의 명령을 따르기 위해 군을 사임했을 때 남부인들은 남군이 북군보다 훨씬 잘 싸울 것이라 생각했다. 여기에다 만약 외국의 원조나 도움이 필요할 경우 영국이나 프랑스 같은 강대국들은 그들의 주요 산업경제가 남부의 면화에 크게 의존하고 있기 때문에 당연히 남부연합을 도울 것이라 여겼다.

전쟁이 시작되자 양측 리더들은 자신들의 장점을 최대한 활용하고 단점은 보완하는 최선의 방법을 찾고자 했다. 제퍼슨 데이비스는 남군에 여러 뛰어난 장군들이 있었음에도 불구하고 군사작전의 대부분을 개인적으로 처리했다.[20] 처음에 그는 방어전을 할 것인가 아니면 북부를 침략할 것인가를 고민했지만 그의 선택은 이내 방어전이었다. 데이비스가 방어전을 선택한 데는 초기에 방어전으로 큰 승리를 하면 북부인들이 곧 피와 희생에 지쳐서 남부를 떠나 그들의 고향으로 돌아갈 것이라는 그 나름대로 희망이 있었기 때문이었다. 그러나 남부연합 대통령의 생각은 그대로 진행되지 않았다. 대통령의 기본 전략은 방어전이었지만 기회가 왔을 때 남군의 장군들은 북부로 진격하는 데 주저하지 않았다. 남부연합에는 대통령과 장군들 사이의 이러한 간극이 전쟁 내내 이어졌다.

전쟁 초기 북부연방의 리더들도 기본 전략을 짜고 작전을 펼치는 데 많은 어려움을 겪었다. 어떤 낙관론자들은 워싱턴에서 불과 100마일 정도 떨어져 있는 남부연합의 수도 리치먼드로 군대를 보내 점령한다면 전쟁에서 쉽고 빠르게 승리할 것이라 주장했다. 그러나 버지니아에서 벌어진 초기 전투에서 당한 패배로 리치먼드 점령 전략은 수정되지 않을 수 없었다.

전쟁 초기 연방군 총사령관인 노쇠한 윈필드 스콧(Winfield Scott)은 이른바 '아나콘다 작전(Anaconda Policy)'을 구상했다.

그것은 남부 해안을 봉쇄하여 남부를 쥐어짜듯이 압박하면서 식량과 다른 물자의 공급선을 차단해 승리를 담보한다는 것이었다. 이 계획을 실행하기 위해서는 서부를 군사작전의 주요 거점지로 선택해야만 했다. 여러 장군들의 의견을 수렴한 링컨은 2개 전선을 동시에 운영하기로 결정했다. 하나는 버지니아 전선이고 다른 하나는 텍사스, 아칸소, 루이지애나를 목표로 하여 서부 미시시피 계곡으로 진격해 들어가는 것이었다. 군사 지식은 물론 군 경험도 거의 전무하다시피 했던 링컨은 장군들의 의견에 따라 남부연합의 해안 봉쇄의 중요성을 인식하고 외부로부터 물자들이 남부로 들어가는 것을 차단하고자 했다. 남부연합에 압력을 가하면서 동시에 약점을 찾고자 한 링컨의 기본 계획은 인력과 물자에서 우위를 가진 북부연방의 이점을 최대한 이용하는 것이었다. 이러한 작전이 성공하기 위해서는 북부연방이 전쟁을 시작할 때 가지고 있던 것보다 훨씬 뛰어난 군 리더십이 필요했으며 자칫 장기전으로 이어질 수 있는 고통도 감내해야만 했다. 바로 이 점에서 링컨은 대통령으로서 뛰어난 자질을 보여주었다.[21]

매너서스(불런) 전투

링컨은 총사령관 스콧과 여러 장군들의 의견에 따라 전쟁을 조기에 끝내기를 희망하며 남부연합의 수도 리치먼드를 점령하고자 했다. 연방군은 리치먼드를 목표로 세 방향에서 공격에 나섰는데, 먼저 버지니아로 진격해 들어갔다.

한 공격로는 오하이오 계곡으로부터 웨스트버지니아의 친북부 성향 지역으로 들어가는 것이었다. 1861년 7월 3일 필리피 전투, 7월 11일 리치 마운틴 전투, 7월 13일 코릭 포드 전투 등 소규모 교전에서 연방군이 승리했다. 1863년 이 지역은 버지니아로부터 독립하여 연방에 가입했다.

그러나 연방군의 다른 공격은 그렇게 성공적이지 못했다. 남군의 버지니아 주요 방어 거점은 노퍽에서부터 북쪽으로는 포토맥 강까지, 서쪽으로는 하퍼스 페리까지 뻗어 있었다. 6월 초 벤저민 버틀러(Benjamin Butler) 장군은 연방군과 함께 먼로 요새를 출발하여 제임스 강과 요크 강 사이의 반도를 따라 리치먼드로 진격해 들어갔다. 하지만 요크타운 서쪽에 위치한 빅베델 교회 전투에서 매복해 있던 남군에 기습 공격을 당해 연방군은 먼로 요새까지 퇴각하지 않을 수 없었다. 연방군의 또 다른 한 주력부대는 워싱턴에서 버지니아로 직접 진격해 들어갔다.

거의 대부분의 사람들이 4년 동안이나 계속될 줄 예상하지 못했던 남북전쟁 최초의 전투가 벌어졌다. 1861년 7월 중순 어빈 맥도웰(Irvin McDowell) 장군은 경험이 없는 신병들로 구성된 3만 5,000명의 연방군을 이끌고 보무도 당당하게 남으로 향했다. 그의 최종 목표는 리치먼드였다. 그러기 위해서는 연방군은 먼저 주요 철도 교차점인 매너서스를 점령해야만 했다. 연합군 스파이들이 연방군이 다가오고 있다는 것을 알아챘다. 남군의 보우리가드(P. G. T. Beauregard) 장군과 조지프 존스턴(Joseph E. Johnston) 장군[22]은 재빨리 3만 명의 군사를 매너서스 근처에 집결시켰다. 7월 20일 몹시 더운 일요일에 맥도웰 장군은 자신감에 차서 불런이라 불리는 냇가에 진을 치고 있는 남군을 공격했다. 북부의 주민들 역시 자신감 넘치는 군인들에게 영향을 받아 이 전투를 마치 동네 아이들 병정놀이쯤으로 생각했다. 많은 여성들과 일반인들이 양산을 쓰고 전투를 구경하기 위해 매너서스로 모여들었다. 전투 초기에 연방군이 잠시 승리하는 듯 보였으나 이내 전세는 역전되었다. 토머스 잭슨(Thomas J. Jackson) 장군이 최전방에서 지휘한 남부연합군은 방어선을 구축하면서 진격해 왔던 연방군을 워싱턴까지 퇴각시켰다. 이날 전투로 잭슨은 '돌벽(Stonewall)'이라는 별명을 얻었다. 이날의 퇴각은 놀러 나온 민간인들과 신병들이 뒤얽힌 아수라장 그 자체였다. 이른바 제1차 불런 전투(또는 매너서스 전투)[23]에서 연방군은 2,896명의 사상자를 냈고 연합군은 1,982명의 사상자를 냈지만 그 뒤에 이어지는 여러 전투에 비하면 아주 작은 규모였다. 그러나 이 전투는 남북전쟁에서 매우 중요한 결과를 낳았다. 남부인들은 전력 분석에서 예상했듯이 양키의 전투력이 형편없다고 확신했고 그래서 전쟁은 쉽게 끝나 남부가 원하는 대로 될 것이라 낙관했다. 반면 북부인들은 남부연합을 굴복시키기가 예상보다 어렵고 더 많은 시간이 걸릴 것이라 생각했다. 따라서 이 전투로 남부는 승리를 축하하고 있었던 반면에 북부는 전면전을 위해 군을 재정비했다.

심각한 충격에 빠진 링컨은 맥도웰을 해임하고 웨스트포인트를 2등으로 졸업한, '미국의 나폴레옹'으로 불리는 조지 매클렐런(George McClellan) 장군을 포토맥 사령관으로 임명했다가, 얼마 후 노쇠한 스콧이 퇴임하자 곧바로 연방군 총사령관으로 임명했다. 훈련지상주의자였던 매클렐런은 그해 가을과 겨울을 오롯이 군을 정비하고 훈련을 시키는 데만 집중했다. 매클렐런이 왜 그렇게 많은 시간을 허비하면서 전투에 임하지 않는지 알 수가 없어 애가 탄 대통령 링컨은 그를 직접 찾아가 전투에 나설 것을 명령했다.[24] 하지만 매클렐런은 대통령의 명령을 무시하고 훈련에만 전념했다.

그러던 중 서부에서 전투가 일어났다. 8월 10일에 연방군은 미주리 스프링필드 근처의 윌슨 크릭에 진을 치고 있는 남부연합군을 공격했다. 하지만 '서부의 불런 전투'로 불리는 이 전투에서 연방군은 패배했다. 전투 중에 연방군을 지휘하던 너새니얼 리온(Nathaniel Lyon) 장군이 사망했다.

10월 21일 동부전선에서 연방군에게 또 다른 비극이 일어났다. 버지니아의 볼스 블러프 근처에서 연방군 정찰대가 남군에 전멸당했다. '볼스 블러프 재앙(Ball's Bluff disaster)'으로 불리는 이 사건은 북부연방으로 하여금 '전쟁관리위원회'를 구성토록 했다. 군 경험이 사실상 전무했던 7명의 하원의원으로 구성된 이 위원회는 이 사건을 조사했을 뿐 아니라 이후 일어난 대부분의 군 관련 일을 간섭했고 때때로 장군들을 당황하게 만들기도 했다.

전쟁 첫 해인 1861년의 전투 대부분은 남부연합이 승리했지만 링컨과 북부연방의 관리들과 장군들은 결코 패배했다고 생각하지 않았다. 대통령 링컨을 초조하게 만들긴 했지만 총사령관 매클렐런은 철저한 훈련을 통해 무경험의 연방군을 10만 명의 정예군으로 거듭나게 했다. 이 수는 유사 이래 서반구에서 가장 많은 병력이었다. 거기에다 북부는 몇몇 전투에서 승리하기도 했는데 11월 7일 연방 해군과 육군이 합동작전을 펼쳐 사우스캐롤라이나의 로열 항구를 점령했다. 이 승리로 연방군은 남부 대서양에서 작전을 펼칠 수 있는 해안 교두보를 마련했다. 하지만 같은 날 연방군은 미주리의 벨몬트에서 다시 한 번 패배했는데 패배의 장본인은 일리노이 출신의 잘 알려지지 않은 장군이었다. 그가 바로 율리시스 그랜트(Ulysses S. Grant)였는데 그는 남북전쟁 중 첫 번째 전투에서 패배를 맛보았다.

헨리-도넬슨 요새 전투

전쟁은 1862년이 되어서야 전면전으로 확대되었다. 복잡하게 전개된 전쟁 양상을 이해하기 위해서는 다음 두 가지를 이해할 필요가 있다.

첫째, 군 작전 지역은 하나가 아니라 두 개로 이루어졌다. 펜실베이니아에서 앨라배마까지 거의 끊어지지 않고 연결되어 있는 애팔래치아 산맥 때문에 버지니아나 캐롤라이나 같은 동부 주들로부터 테네시나 켄터키 같은 서부 주나 애팔래치아 산맥에 인접한 주로 군대가 자유롭게 이동할 수 없었다. 물론 그 반대도 마찬가지였다. 결과적으로 산맥 동쪽에 있는 군과 산맥 서쪽에 있는 군은 실제로 완전히 독립된 전쟁을 수행했다. 1864년이 되어서야 비로소 두 지역의 전투가 하나로 통합되었다.

둘째, 1800년대에는 오늘날의 군사 전략과 달리 공격하는 군이 반드시 적 자체를 목표로 하여 움직이지는 않았다. 오히려 제1의 목적은 적이 아니라 중요한 도시였다. 일단 공격하는 군이 움직이면 방어하는 군은 항상 공격하는 군과 그들의 목표(대부분 중요 도시) 사이에 위치하게 된다. 그렇게 전투를 위한 무대가 마련된다. 그래서 남부연합의 5개 중요 도시는 북부연방의 핵심 목표물이 되었다. 동부에서는 리치먼드가, 서부에서는 미시시피 강의 가장 중요한 거점인 뉴올리언스와 빅스버그, 그리고 중요 철도 중심지인 채터누가와 애틀랜타가 그곳들이었다.[25]

이 두 가지를 염두에 두고서 남북전쟁을 살펴볼 필요가 있다. 즉 남북전쟁은 두 지역의 전선(서부전선, 동부전선)에서 이루어졌다.

1862년이 시작되면서 약 4만 8,000명에 달하는 남부연합군이 애팔래치아 산맥에서부터 서쪽으로 미시시피 강까지 펼쳐진 거의 600마일에 달하는 전선을 지키고 있었다. 너무나 방대한 지역을 수비해야 했으므로 남부연합의 방어선은 허약할 수밖에 없었다. 그해 2월 초에 그랜트 장군이 1만 5,000명의 연방군을 이끌고 일리노이의 카이로를 출발하여 중부전선 중심부를 공격하기 위해 움직였다. 그의 목표는 중요한 두 강인 테네시 강과 컴벌랜드 강을 장악하는 것이었다.

남부연합군은 이 강들을 방어하기 위해 켄터키 주 경계 남쪽에 있는 테네시 강에 2개 요새를 건설했다. 헨리 요새는 테네시 강을 방어하기 위한 것이었고 도넬슨 요새는 컴벌랜드 강둑에 세워져 적의 접근을 막았다. 2월 6일에 그랜트 장군 부대와 연합한 연방군 철갑 함대가 헨리 요새를 포격해 항복을 받아냈다. 10일 후 그랜트 부대는 도넬슨 요새를 포위하고 그곳에 있는 1만 2,000명의 남군들에게 항복을 요구했다. 남군 사령관 사이먼 버크너(Simon Buckner)가 조건을 제시하면서 들어주면 항복하겠다고 하자 그랜트는 "무조건 항복 외에는 아무것도 없다"라고 대답했다. 이후부터 그랜트는 '무조건 항복' 그랜트로 불렸다.[26]

헨리-도넬슨 요새 전투는 남북전쟁 발발 후 북군이 거둔 최초의 승리였기 때문에 그만큼 북부의 기쁨은 컸다. 어떤 사람들은 이 전투를 "남북전쟁의 결정적인 작전"이라고 표현했다. 두 요새의 점령으로 북부연방은 켄터키와 테네시의 절반 이상을 통제할 수 있었으며 미시시피와 앨라배마로 진격할 수 있는 길을 마련했다. 이 승리로 북부는 전쟁 수행 능력을 증명했으며 어떤 전투든 기꺼이 치를 수 있다는 자신감을 얻었다. 반면 남부에 두 요새의 손실은 방어전을 선택한 남부연합의 기본 전략이 제대로 작동하지 못했음을 보여주는 결과였기에 사기에 큰 타격을 입혔다.

실로 전투와 서부전선의 변곡점

승리의 여세를 몰아 그랜트는 아칸소와 미주리 주 서부로 진격해 들어갔다. 1862년 3월 7일 아칸소의 피 리치라는 곳에서 1만 6,000명의 남부연합군이 새뮤얼 커티스(Samuel Curtis) 장군이 지휘하는 1만 2,000명의 연방군과 대치하고 있었다. 이 전투에 투입된 대부분의 남군 병사들 모습은 초라하기까지 했다. 그들은 제대로 된 군복을 입지 못했으며 성능이 약한 산탄총이나 다람쥐를 잡는 22구경 라이플총으로 무장했다. 이는 남부연합의 경제력을 단적으로 반영하는 것이었다. 물론 남군은 약 3,500명의 용감한 인디언들과 연합군을 형성하고 있었지만 북부의 경제력과 우수한 무기에 밀리지 않을 수 없었다. 이틀 동안 벌어진 이 전투에서 북군은 남군을 물리치고 미주리와 아칸소 북부 지역을 점령했다.

3월 말 그랜트는 미시시피 주 변경 지역까지 진출해 남군과 대치했다. 앨버트 존스턴(Albert Johnston) 장군이 지휘하는 남군은 약 4만 명이었다. 여기에서도 대부분의 남군은 초라한 장비로 무장했지만 용감한 존스턴의 지휘 아래 침략해 들어오는 연방군을 공격했다. 전투는 4월 6일과 7일 사이에 실로라는 곳에서 일어났다. 남군은 초기에 기습 작전을 펼쳐 그랜트의 북군을 공격해 전선의 일부를 깨뜨렸지만 결정적인 승리를 얻지는 못했다. 여타 전투에서 다른 장군들과 달리 존스턴은 최전방에서 병사들과 함께 싸웠다. 그러다가 다리에 총상을 입었고 곧바로 사망했다. 남군의 필사적인 노력으로 그랜트는 테네시 강까지 후퇴하지 않을 수 없었다. 하지만 북군은 다음 날 2만 5,000명의 신병 지원군을 데리고 온 돈 부엘(Don Buell) 장군의 도움과 우수한 대포에 힘입어 남군을 물리쳤다.

실로에서 승리한 그랜트는 조금도 쉬지 않고 후퇴하는 적을 추격했다. 주요 철도 중심지인 미시시피 주의 코린스라는 도시에서 다시 전투가 벌어졌고 파상공세로 나오는 북군의 공격에 남군은 대적할 수가 없었다. 이 전투에서 그랜트의 북군은 1만 3,047명의 사상자를 냈지만 이 수는 북군 전체로 볼 때 심각한 수준은 아니었다. 이에 비해 남군의 희생자는 존스턴 장군이 이끌던 군의 25퍼센트 이상을 차지하는 1만 694명이었다. 그 후 4개월 동안 전투가 일어나지 않았지만 서부전선의 전세에 변곡점을 찍을 만한 세 가지 중요한 일이 일어났다.

첫째는 드디어 연방군이 미시시피 강을 통제하게 된 것이다. 4월 중순에 해군 장군 데이비드 패러것(David Farragut)이 지휘하는 연방군 함대가 미시시피 강 상류의 잭슨 요새와 산타 필립스 요새에 포격을 가했다. 다소 공방이 있었지만 멤피스와 나체스 같은 전략적으로 중요한 도시들이 연방 군 수중에 들어왔다. 하지만 서부전선에서 가장 중요한 빅스 버그는 아직 남부연합의 지배 아래 있었다.

둘째는 미국 역사에서 있었던 가장 용감한 습격 사건이었다. 4월 말 연방군 스파이인 제임스 앤드루스(James Andrews)와 다른 21명의 스파이들이 남부연합 영토인 조지아 주 빅 샌티 역에 잠입해 들어갔다. 이곳은 남부연합의 전쟁물자 공급지이자 가장 중요한 도시 중 하나인 애틀랜타로부터 단 30마일 떨어진 곳이었다. 그들은 그곳에서 남부의 중요한 철도의 엔진과 차량 2대를 훔쳤다. 채터누가까지 훔친 차량을 끌고 가서 철로를 파괴하고 다리를 폭파하여 남부의 중요 보급선을 끊어버리는 작전이었다. 스파이를 활용한 연방군의 이 일격은 어느 정도 성공을 거두었으나 남부 시민들과 군인들의 헌신적인 노력으로 큰 효과는 보지 못했다. 결국 북부 스파이들은 모두 체포되었으며 앤드루스와 7명의 스파이는 애틀랜타에서 교수형 당했다.

이에 맞서 남부 역시 기습 습격단을 구성하여 보복을 가했다. 7월 초에 존 모건(John Mogan) 대령과 그의 부하 기마병들이 2주 동안이나 켄터키 주 북군 점령 지역에 난도질을 가했다. 모건은 4번의 작은 전투에서 최소한의 사상자를 내면서 연방군 1,200명을 사로잡아 테네시로 돌아왔다. 12월에 모건 기병대는 다시 켄터키를 습격하여 1,900명의 포로와 많은 수의 말과 엄청난 군수품을 획득했다.

모건의 첫 번째 습격이 있던 시기에 남부의 브랙스턴 브래그(Braxton Bragg) 장군과 남군이 역시 켄터키를 되찾기 위해 북쪽으로 이동했다. 그러나 채터누가를 장악하고 있던 북군의 돈 부엘은 전세가 혼란스러운 공방을 주고받았지만 결국 브래그의 북상을 차단해냈다. 이것으로 북군은 남군의 켄터키 진출 꿈을 완전히 무산시켰다. 결국 브래그는 테네시로 후퇴했고 북군은 윌리엄 로즈크랜스(William Rosecrans) 장군이 지휘관이 되어 브래그와 대치했다. 그러던 중 11월에 그랜트가 테네시로부터 미시시피 강을 지나 빅스버그를 점령하기 위해 움직였다. 빅스버그는 이른바 '물의 아버지(Father of Waters)'라 불리는 미시시피 강에서 남부연합의 가장 중요한 교두보였다.[27] 그랜트의 전략은 두 방면으로 공격해 들어가는 것이었다. 그와 윌리엄 셔먼(William Sherman) 장군이 서로 다른 방향에서 동시에 빅스버그를 공략했다. 하지만 이 공격은 값비싼 실패로 끝나고 말았다. 남군 장군인 밴 돈(Van Dorn) 백작이 지휘하는 남부 기마병이 홀리 스프링스에 있는 북군의 주요 공급 기지를 철저하게 파괴했다. 그랜트는 멤피스까지 후퇴할 수밖에 없었다. 셔먼 역시 큰 손실을 입고 빅스버그 공략에 실패했다. 이에 그랜트는 서부전선의 북군 전체를 미시시피 강까지 남쪽으로 이동시켜 포위공격 작전으로 빅스버그를 공략할 준비를 했다.

셋째는 1862년 12월 말 테네시 주 머프리스보로에서 벌어진 전투였다. 4일 동안이나 벌어진 이 전투에서 브래그가 이끄는 남군은 로즈크랜스의 북군을 상대로 스톤스 강변에서 필사적으로 싸웠다. 이 전투에서 연방군은 31퍼센트의 사상자를 낸 반면 연합군은 25퍼센트의 인명 손실을 입었지만 그럼에도 전투의 결과는 북부의 승리로 끝이 났다.

이처럼 1862년 서부전선에서 연방군은 많은 승리를 거두었지만 전쟁의 종결은 여전히 요원했다. 주요 전투가 동부전선에서 기다리고 있었던 것이다.

남북전쟁의 외교전

남북전쟁 중 외교적으로 중요한 시기는 1861년에서 1862년까지다. 전쟁 초기 남부연합은 주요 외국으로부터 독립을 승인받아 북부연방의 입지를 줄이고자 했다. 영국과 프랑스가 남부연합이 바라는 대로 남부를 지원할 것이라는 희망은 이들 국가가 남부에서 생산되는 면화에 크게 의존하고 있다는 데서 기인했다.

1861년 5월 남부연합은 외교 특사들을 영국과 프랑스로 파견하여 한 국가로 전쟁을 할 때 국제적 권리를 인정받는 이른바 '전쟁상태(belligerency)'의 지위를 인정받았다. 하지만 여기에 북부연방이 강력히 항의하고 남부연합의 여러 항구를 봉쇄함으로써 남북전쟁은 국가 간 분쟁이 아니라 단지 국내 반란에 지나지 않는 상태로 되어 남부의 입지가 줄어들었다. 1861년 가을에 남부연합 정부는 제임스 메이슨(James Mason)과 존 슬라이델(John Slidell)을 각각 영국과 프랑스의 상주공사로 파견해 남부연합을 완전히 인정받고자 했다. 그들은 영국 증기선 '트렌트(Trent) 호'에 올라 유럽으로 향했지만 공해상에서 연방군 전함에 체포되었다. 메이슨과 슬라이델은 구금되었고, 이는 곧바로 영국과 미국 간에 전쟁이 발발할 수 있는 외교적 위기 상태로 이어졌다. 몇 주간 험악한 외교적 언사를 주고받은 후 링컨과 국무장관 수어드는 그들을 석방하여 원래 목적지로 갈 수 있도록 조치를 취해 외교적 갈등이 해결되었다.

하지만 메이슨과 슬라이델은 남부연합의 본래 목적인 한 국가로서 국제적 인정을 얻어내는 데는 실패했다. 또한 유럽에서 예상되었던 면화 부족도 실상 그렇게 심각한 상태가 아니었다. 그도 그럴 것이 전쟁 전인 1860년 면화의 대풍년으로 영국과 프랑스의 면화 창고가 원재료로 가득 차 있었다. 또 1862년 가을에 당시 프랑스 황제 나폴레옹 3세(Napoleon III)가 남부연합을 한 국가로 인정하는 것을 무시했다. 나폴레옹 3세는 그전부터 영국이 미국 내부 갈등을 중재하고자 하는 자신의 계획에 동의하지 않는 한 자신은 아무것도 하지 않을 것이라 말해왔다. 남북전쟁이 일어나고 나서 사실 영국은 미국 내 분쟁에 대해 어떻게 대응할 것인가를 놓고 심각하게 의견이 갈라져 있었다. 전쟁 초기 영국 수상 파머스턴(Palmerston)과 외무장관 러셀(Russell)은 신중한 대기 전술(waiting game)을 구사했다. 영국은 남부에 동정적이기는 했으나 미국과 전쟁이 벌어질 위험성에 대해 큰 부담감을 가지고 있었다.

1862년 가을이 되어서도 영국 내각은 전쟁 중재안과 어렵지만 남부연합 인정안을 놓고 갑론을박했다. 러셀은 친남부연합 정책을 주장했다. 그는 남부가 충분히 독립을 획득할 수 있을 것이라 생각했다. 그러나 파머스턴은 외무장관의 의견이 타당하지 않다고 보고 분쟁에서 손을 떼는 정책(hand-off policy)을 주장했다. 단지 남부연합이 전투에서 결정적인 승리를 한다면 영국은 위험에도 불구하고 인정안과 중재안을 추진할 수 있다고 말했다. 그러나 앤티텀 전투의 결과는 영국의 이러한 생각을 거두도록 만들었다. 이 전투의 결과는 양측이 사실상 비슷했지만 대외적으로는 북부연방이 승리를 한 것으로 알려졌다. 더구나 영국은 9월에 발표한 링컨의 노예해방선언의 보편적 가치를 무시할 수 없었다.

그런데 그해가 끝나갈 무렵 면화 부족 현상이 일어나 실업률을 증가시키는 등 영국 면직물산업에 심각한 타격을 주었다. 그럼에도 여론은 영국 정부가 중립 정책을 포기하고 연방정부의 봉쇄 정책을 깨뜨리도록 만들 정도로 들끓지는 않았다. 이는 영향력 있는 집단들이 영국 정부로 하여금 불간섭 정책을 계속하도록 조장했기 때문이었다. 이런 집단들 중에서 가장 중요한 집단은 대규모 면직물 공장을 소유한 이들이었다. 그들은 여전히 큰 창고에 면화 원재료가 재고로 남아 있었고 그만큼 자신들과 경쟁하는 중소규모 면직물업자들을 약화시킬 수 있었다. 이들 외에도 불간섭 원칙을 고수하기를 원하는 집단이 있었다. 울과 린넨 제조업자들, 무기와 화약 생산업자들, 또 배 수송을 전문적으로 하는 해운업자들이었다. 더욱이 1863년이 되자 이집트와 인도 등에서 생산되는 면화가 대량으로 유입되어 굳이 미국 남부에 의존하지 않아도 되었다. 중립 정책으로 영국 경제가 결코 손해를 보는 것이 아니었기에 영국은 남부연합을 원조할 이유를 찾지 못했다.

결국 1863년이 지나면서 이른바 '면화왕국(King Cotton)'의 외교 정책은 사실상 실패로 끝났고, 남부연합은 영국과 공식 외교 관계를 단절했다. 자국의 실리에 따라 움직이던 유럽 국가들은 굳이 개입해서 얻을 수 있는 이익보다 중립을 지킴으로서 훨씬 많은 이익을 볼 수 있다고 계산했던 것이다. 일부 사람들은 결정적인 군사적 승리가 있었다면 유럽 국가들이 남부를 원조하고 국가로 승인했으리라 생각할지도 모른다. 하지만 만약 남부가 그런 승리를 거뒀다면 남부는 굳이 유럽의 원조나 승인이 필요 없었을 것이다.

반도 전투와 앤티텀 전투, 그리고 노예해방선언

총사령관 된 후 매클렐런은 약 7개월 동안 워싱턴 부근에서 훈련만 했을 뿐 전투에 임하지 않고 있었다. 마침내 인내심이 고갈된 상태에서 링컨은 매클렐런에게 버지니아로 진격하라고 명령했다. 매클렐런은 대통령의 명령에 마지못해 따르기로 했지만 남군의 방어선이 구축되어 있는 육로를 피해 해로로 접근하는 계획을 세웠다. 그의 계획은 포토맥 강을 따라 내려간 뒤 요크 강과 제임스 강 사이에 있는 리치먼드 반도에 상륙하여 공략해 들어간다는 전략이었다. 링컨은 미심쩍었지만 어쩔 수 없이 이 작전 계획에 동의했다. 동시에 그는 맥도웰 장군이 지휘하는 3만 7,000명의 연방군은 수도 워싱턴을 보호하기 위해 프레더릭스버그와 매너서스 부근에 남아 있도록 했다. 이에 매클렐런은 자신이 리치먼드를 공략하는 한 남군의 북부 침입은 불가능할 것이므로 나머지 병력도 자신에게 보내줄 것을 요구했다.

그러나 남부의 유능한 '돌벽' 장군 잭슨이 셰넌도어 계곡을 통해 북부로 진격하여 들어왔다. 이에 깜짝 놀란 링컨은 매클렐런의 병력 증파 요구를 무시하고 맥도웰로 하여금 잭슨 군을 막도록 했다. 잭슨은 기습 공격으로 승리를 거두며 북군을 괴롭혔다. 북군은 잭슨의 공격을 막아내기는 했지만 대부분은 잭슨이 승리했다. 셰넌도어 계곡에서 잭슨의 승리는 북군에 치명타를 입힐 수 있었다. 이곳이 점령당하면 동부의 바다와 서부의 산악 지역으로 통하는 길이 막힐 수 있었기 때문이다.

1862년 4월이 되자 매클렐런은 무려 10만 5,000명의 연방군을 이끌고 리치먼드로 가는 반도에 상륙했다. 그러는 동안 버지니아 남군 사령관인 조지프 존스턴 장군은 6만 명의 남군을 매클렐런 군대와 리치먼드 사이에 배치했다. 이제 그는 후퇴를 하거나 전투를 늦출 수가 없었다. 때마침 폭우가 내려 반도 전체를 진흙탕으로 만들었다. 5월 말이 되어 북군이 세븐파인과 페어오크스까지 진출했으나 남군이 효과적으로 방어했다. 그러나 그 과정에서 존스턴은 심각한 부상을 입었고 그 대신 로버트 리가 남군 사령관이 되었다. 잭슨 장군이 계곡을 점령하고 있을 때 새로운 사령관이 된 리는 10만에 달하는 북군과 대적하기 위해 남군을 연합하고자 잭슨을 불러들였다. 8만 5,000명으로 확대된 군을 가지고 리는 매클렐런의 군을 상대로 7일간 전투를 벌였다.

6월 26일 남군은 리치먼드 북동쪽에서 연방군을 공격했다. 하지만 이 공격에서 남군은 존 포터(John Porter)가 지휘하는 연방군에 패했다. 리는 다음 날 다시 연방군을 공격했지만 매클렐런은 반도 건너편 제임스 강 유역에 위치한 연방군의 주요 공급기지가 있는 해리슨 랜딩으로 후퇴했다. 후퇴하는 연방군을 상대로 리는 연일 공격을 가했지만 연방군 함대의 도움을 받은 매클렐런 군은 안전하게 후퇴했다. 제대로 된 전투 한 번 하지 못하고 후퇴한다는 소식을 들은 링컨은 참으로 어이가 없었다.

하지만 매클렐런이 후퇴한 지역은 연방군 해군의 도움을 받을 수 있는 전략 지역이었기 때문에 다시 리치먼드를 공략하리라 생각했다. 하지만 매클렐런은 워싱턴에 남아 있는 맥도웰의 병력을 보충해줄 것을 요구하며 다시금 전투에 임하지 않고 머뭇거렸다. 이에 링컨은 지휘관을 더 공격적인 존 포프 장군으로 교체하고 매클렐런에게 포프가 지휘하는 군대와 합류할 것을 명령했다. 이에 리는 연방군이 합류하기 전에 포프의 군대를 공격하고자 남군을 북쪽으로 이동시켰다. 성미 급한 포프는 매클렐런의 본진이 도착하기도 전에 북상하는 남군을 맞아 싸우려고 육로를 선택해 리치먼드로 향했다. 남군 선발부대를 지휘하고 있었던 잭슨 장군은 매복과 기습 공격으로 남하하는 포프 군을 효과적으로 물리쳤고 매너서스에 있는 연방군 보급기지마저 점령했다. 화가 난 포프는 무모하게 잭슨을 추적했지만 리 휘하의 또 다른 장군 제임스 롱스트리트(James Longstreet)에게 형편없이 패배했다. 8월 28일에서 30일 사이에 벌어진 이른바 제2차 매너서스 전투에서 연방군은 다시 패했고 포프는 워싱턴으로 퇴각했다. 실망한 링컨은 포프를 해임하고 다시 매클렐런을 지휘관에 임명했다.

이제 버지니아에는 연방군이 아무도 없었다. 리 장군은 지금이야말로 북부로 진격할 때가 되었다고 판단했다. 리가 방어전 전략을 포기하고 공격전으로 전환한 것은 유럽의 두 강대국(프랑스와 영국)이 남부연합의 대의에 동참할 의사를 보여 왔기 때문이었다. 리의 '회색 옷을 입은 군대'[28]는 1862년 9월 5일 포토맥 강을 건너 메릴랜드로 진격했다. 리는 군을 나누어 '돌벽' 잭슨 장군으로 하여금 동부의 군사작전 요충지인 하퍼스 페리[29]를 공략하도록 했고 자신은 곧바로 샤프스버그로 향했다. 이때 북군 사령관 매클렐런은 우연

한 기회에 리의 명령서 사본을 가로챌 수 있어서 남군의 움직임을 미리 파악하고 있었다. 그럼에도 매클렐런은 둘로 갈라진 남군이 다시 합치기 전에 적을 공격하지 않고 미적거렸다. 그사이 리의 본진은 샤프스버그 근처 앤티텀 강에 집결했고 하퍼스 페리를 공략한 잭슨은 서둘러 본진에 합류했다.

9월 17일 수요일 아침이 밝았다. 남북전쟁 기간 동안 가장 피비린내 나는 전투가 시작되었다. 북군은 총 8만 7,000명이었고 남군은 5만 명이었다. 날이 밝아오고 난 후부터 밤이 되기까지 단 한순간도 쉬지 않고 공방이 이어졌다. 전세는 엎치락뒤치락했다. 하지만 궁극적으로 병력과 물자가 많은 북군에 유리하게 전개되었다. 해가 넘어갈 무렵 남군 전선이 막 무너져가고 있었다. 그런데 매클렐런은 전투 중지를 명령했다. 이 사실을 알게 된 링컨은 적에게 마지막 결정적 타격을 가하라고 명령했지만 매클렐런은 명령에 따르지 않았다. 그리고 리의 남군이 포토맥 강을 건너 버지니아로 후퇴할 수 있는 시간을 주었다. 역사에는 '만약'이라는 것이 허용되지 않지만 그럼에도 많은 역사가들은 만약 이때 매클렐런이 한 번만 더 세차게 남군을 공격했거나 또 후퇴하는 리의 본진을 공격했다면 남북전쟁은 훨씬 일찍 끝났을 것이라고 판단한다.[30] 이 전투로 남군은 9,000명의 사상자를 냈고 북군은 1만 2,000명의 사상자를 냈다. 전체적으로 앤티텀 전투는 북군의 승리로 기록되었지만 전술상으로 보면 북부연방에 큰 도움이 되지 않았다. 그러나 링컨은 이 전투의 결과를 효과적으로 활용할 줄 알았다.

그동안 링컨은 노예해방선언의 기회를 엿보고 있었다. 링컨은 대규모 침략군을 물리친 앤티텀 전투의 승리가 노예해방선언의 최적기라 판단했다. 전투가 끝나고 5일 뒤인 9월 22일 링컨은 '노예해방선언(Emancipation Proclamation)'을 발표했다. 이 선언문은 1863년 1월 1일부터 남부연합이 지배하고 있는 모든 지역의 모든 노예들이 즉각 해방된다는 내용이었다. 이 선언으로 노예해방에 미친 효과는 크지 않았지만 그 영향력은 상상 이상이었다. 우선 북부연방의 전쟁 명분이 더 구체화되었다. 그동안은 연방 보존이라는 다소 모호한 명분이었지만, 이제 '인간의 자유'라는 보편적 가치를 추구하는 노예해방을 위한 전쟁이라는 명분은 확고한 도덕적 우위를 점하게 해주었다. 그렇기에 이 선언은 남부연합을 국가로 인정하고 지원하려던 유럽 강대국의 원조 계획을 단념하도록 만들었다.[31] 시간이 지나면서 노예해방선언의 효과는 선명해지기 시작했다. 남북전쟁 당시 약 18만 6,000명의 해방 흑인들이 북부연방을 위해 직간접으로 도움(군인, 선원, 노동자)을 주었다.[32] 전쟁이 끝나갈 무렵에는 이 선언에 포함되지 않는 북부 노예주인 미주리와 메릴랜드 등에서도 노예제도가 폐지되었고, 나아가 1865년 헌법 수정조항 제13조에 의해 미국 전역에서 노예제도가 폐지되었다. 이런 결과로 많은 역사가들은 앤티텀 전투와 그 여파가 남북전쟁의 터닝 포인트를 만들었다는 데 동의하고 있다.[33]

앤티텀 전투 후 버지니아로 진격하라는 링컨의 명령을 계속해서 무시한 매클렐런에게 지친 링컨은 그를 해임하고 앰브로스 번사이드(Ambrose Burnside) 장군을 총사령관에 임명했다. 그러나 번사이드는 "나에게는 이러한 대군을 지휘할 능력이 없습니다"라고 말했다. 스스로 용기와 능력이 부족하다는 것을 알았지만 번사이드는 링컨의 명령을 따르지 않을 수가 없어 12월 13일 라파하눅 강을 건너 리치먼드로 진격해 들어갔다. 하지만 강가의 겨울 진흙은 부대의 이동을 어렵게 만들었고 결국 하루에 1마일도 행군하지 못했다. 이 '진흙 행군(Mud March)'의 곤경 속에서 리의 공격을 받아 많은 희생자를 낸 후 번사이드는 스스로 총사령관직을 사임했다. 그러자 링컨은 그 후임으로 '싸우는 조(Fighting Joe)'라는 별명을 가진 조지프 후커(Joseph Hooker) 장군을 총사령관에 임명했다.

빅스버그 전투

전략적으로 너무나 중요한 '물의 아버지' 미시시피 강을 완전히 장악하는 것은 전쟁의 끝을 바라볼 수 있게 해주는 일이었다. 그것은 남부연합의 남서부 지역(미주리, 루이지애나, 아칸소, 텍사스)을 다른 남부 주들로부터 분리시킬 뿐 아니라 남군의 전쟁물자 수송을 근본적으로 어렵게 만들 수 있었기 때문이었다. 그래서 그랜트는 몇 번의 실패에도 불구하고 미시시피 강의 전략적 요충지인 빅스버그를 점령하고자 했다.

1863년 봄이 지나면서 그랜트는 빅스버그 점령을 위한 철저한 준비를 마쳤다. 빅스버그는 거친 지형에다 습지와 강둑에 높이 솟아 있는 바위로 인해 천연 방어벽이 마련되어 있었다. 이러한 지형을 분석한 그랜트는 공격 전략을 바꾸었다. 그는 빅스버그 직접 공략을 포기하고 포위를 통한 도시 고사 작전을 전재했다. 그랜트는 우선 빅스버그와 연결될 수 있는 주변의 작은 도시는 물론 중요 요충지를 잇달아 점령하는 작전을 펼쳤다. 5월이 시작되면서 그랜트는 단 하루도 머뭇거리지 않고 단 한시도 쉬지 않고 공격을 가했다. 5월 1일 깁슨 요새 전투, 12일 레이먼드 전투, 14일 잭슨 전투, 16일 챔피언스 힐 전투, 17일 빅 블랙 강 전투에서 거듭 승리를 거두었다.

그리고 다음 날인 5월 18일 그랜트는 빅스버그를 포위했다. 물길과 육로 모두 연결 길이 완전히 차단된 빅스버그는 공포에 휩싸였다. 그런 가운데 그랜트의 요청을 받은 연방 해군은 강에서 빅스버그를 향해 연이은 포격을 가했다. 무려 6주 동안 외부에서 빅스버그로 아무것도 유입되지 못했다. 포위된 남군과 빅스버그 시민들은 생존을 위해 풀과 당나귀, 심지어 쥐까지 잡아먹으며 생존했다.

7월 4일 미국 독립기념일에 절망 속에서 빅스버그 지휘관 인 존 펨버턴(John Pemberton)은 그랜트에게 항복했다.[34] 빅스버그 전투의 승리로 그랜트는 남군 3만 명을 포로로 잡았을 뿐 아니라 172문의 대포와 5만 정의 소총을 몰수했다. 무엇보다 연방군이 미시시피 강을 통제 아래 둘 수 있게 됨으로써 빅스버그 전투는 남부전쟁의 또 다른 변곡점이 되었다고 할 수 있다. 빅스버그 전투의 승리 소식을 들은 링컨은 "드디어 물의 아버지가 화를 내지 않고 바다로 흘러가겠구나"라고 말했다.[35]

'돌벽' 잭슨 장군의 사망과 게티즈버그 전투

북군 동부사령관이 된 조지프 후커는 '싸우는 조'라는 별

명에도 불구하고 1863년 봄이 지나기까지 이렇다 할 성과를 보여주지 못하고 있었다. 초조해진 그는 4월 말이 되자 13만 3,000명의 대군을 이끌고 리치먼드로 향했다. 하지만 대군의 이동은 너무나 느렸고 적의 눈에 너무 쉽게 노출되었다. 더욱이 그가 택한 길은 프레더릭스버그를 지나 덤불과 작은 나무들이 빽빽한 이른바 황야라는 의미의 '윌드니스(Wilderness)'를 지나는 것이었다.

처음부터 북군의 움직임을 감시하고 있었던 로버트 리는 남군 병력이 북군의 절반도 되지 않았지만 역전의 용사 '돌벽' 잭슨 장군으로 하여금 후커의 전진부대를 기습 공격하도록 했다.

5월 초에 첸슬러스빌에 매복하고 있던 잭슨은 길게 늘어진 연방군의 측면을 집중 공격했다. 이때 리도 남군 본진을 이끌고 북군을 공격했다. 적의 기습 공격에 후커와 많은 연방군은 1만 7,000명의 사상자를 내고 다리를 절뚝거리며 워싱턴으로 도망쳐 왔다. 리는 이 전투에서 승리했지만 남군 역시 1만 2,800명이나 사상자를 냈을 뿐 아니라 무엇보다 승리를 부르는 잭슨 장군이 사망하는 결과를 낳았다. 전투에서 승리한 잭슨은 밤중에 순찰을 돌던 중 그를 적으로 오인한 남군 병사가 쏜 총에 맞아 5월 10일 사망했다. 여기에서 다시 한 번 역사의 진리를 거스르는 생각을 해야 할 것 같다.

'만약' '돌벽' 잭슨 장군이 사망하지 않았다면 그 후 벌어진 전투의 결과는 어떻게 되었을지 모를 일이다.

　남군 총사령관 리는 잭슨의 죽음을 몹시 슬퍼했지만 마냥 슬퍼할 수만 없었다. 그는 빅스버그 전투를 앞둔 서부전선의 위기는 동부전선에서 자신이 어떤 전투의 결과를 만들어내는가와 연관이 있음을 직감했다. 그래서 그는 곧바로 또다시 북부로 침입을 감행했다. 역사가들은 리의 두 번째 북부 침입은 다음 네 가지의 이유에서 비롯되었다고 본다. 첫째, 남부연합의 리더들은 리가 북부를 침입하여 해리스버그나 볼티모어 또는 수도 워싱턴 등 북부의 주요 도시를 점령하면 서부전선에서 전개 중인 빅스버그 전투에 압력을 가해 그곳 연방군을 동부로 유인할 수 있을 것이며 나아가 그것은 승리를 담보하고 평화회담을 열 수 있게 만들 것이라 생각했다. 둘째, 북부 도시에서 큰 승리는 영국을 중재자로 끌어들일 수 있을 것이라고 생각했다. 셋째, 이미 잔인하게 찢긴 버지니아를 전쟁터로부터 구할 수 있을 것이라고 생각했다. 넷째, 남군들을 위한 물자를 조달할 수 있을 것이라고 생각했다.[36]

　6월 중순 남군의 모든 병력 7만 5,000명을 이끌고 리는 다시 포토맥 강을 건너 메릴랜드를 지나 펜실베이니아로 북상했다.[37] 링컨은 후커를 대신하여 펜실베이니아 출신의 조지

미드(George Meade) 장군을 총사령관에 임명했다. 6월 말에 9만 명의 연방군도 남군의 움직임에 대응하여 펜실베이니아로 북상했다. 두 세력은 게티즈버그라는 작은 마을에서 충돌했다. 7월 1일부터 3일 동안 리는 병력의 열세에도 불구하고 연이은 공격을 감행했다. 이렇다 할 전과를 내지 못하던 남군은 7월 3일 용감한 조지 피켓(George Pickett) 장군이 약 1만 5,000명의 병사를 이끌어 연방군 전선을 돌파했다. 그러나 안개 속에서 거의 1만 명 이상이 사망했다. 단일 전투에서 이토록 많은 사상자를 낸 것에 전의를 상실한 리는 후퇴를 결정했다. 약 4만 3,000명의 사상자를 낸 남군은 7월 4일 다시 버지니아로 서둘러 후퇴했다. 이로써 북군은 동부전선에서 처음으로 확실한 승리를 거두게 되었다. 동시에 이날 서부전선에서도 빅스버그를 점령했다는 승전보가 링컨에게 날아들었다. 양 전선의 결과는 남군에게는 전의를 상실하게 만들었지만 북군에게는 승리에 대한 확신을 가지도록 했다.

1863년 11월 19일 게티즈버그에서 사망한 영웅들을 추모하는 추도식에서 링컨 대통령은 순번에는 없었지만 연설을 할 수 있는 기회를 얻었다. 명연설가로 소문난 에드워드 에브릿(Edward Everett)은 2시간이나 연설을 했지만 참석한 사람들은 지루하기 짝이 없었다. 연설의 기회를 얻은 링컨은 단 2분 동안 연설했다. 그렇지만 이 게티즈버그 연설은 지금까지 미국 역사상 가장 위대한 연설 중 하나로 남아 있다. 특히 이 연설의 마지막 부분은 그 어떤 말보다 가장 감동을 주는 말로 지금까지 기억되고 있다.

이곳에 모인 우리는 우리 앞에 남아 있는 위대한 과업에 충실해야 합니다. 이 명예로운 죽음을 기억하며, 그들이 마지막까지 지켰던 대의(大義)에 더욱 헌신해야 합니다. 이곳에 모인 우리는 이들의 영광스러운 죽음이 헛되지 않도록 숭고하게 결의해야 합니다. 그리고 이 나라는 하느님의 가호 아래 새로운 자유를 탄생시켜야 합니다. 국민의, 국민에 의한, 국민을 위한 정치가 지상에서 사라지지 않도록 해야 합니다.[38]

게티즈버그 전투 얼마 후 연방군은 테네시 주 채터누가 전투에서 또 한 번의 큰 승리를 거두었지만 결정적인 승리는 아니었다. 그해 연방군은 남부연합에 비해 병력, 장비, 그리고 보급 면에서 훨씬 우수했음에도 불구하고 결정적인 성과를 내지 못했고 전쟁은 교착상태에 빠졌다. 이에 링컨은 그동안 그토록 찾고 찾았던 싸우고 승리하는 장군을 드디어 찾아냈다. 링컨은 율리시스 그랜트를 1864년 3월 연방군 총사령관으로 임명해 그에게 전쟁을 종결시킬 것을 명령했다.

윌드니스 전투와 애틀랜타 점령

총사령관이 된 그랜트의 계획은 단순했다. 그는 연방군의 우세한 병력과 물자를 가지고 남부연합을 공격하고 또 공격해서 목을 조여 전쟁을 끝내고자 했다. 그랜트는 한때 다음과 같이 말했다.

전쟁의 기술은 충분히 단순하다. 적이 있는 곳을 찾으라. 그리고 할 수 있는 한 가능한 빨리 적에게 접근하라. 그다음 할 수 있는 한 강하게 적을 쳐라. 그리고 쉬지 말고 또 다른 적을 찾아 나서라.[39]

그의 말대로 그랜트는 곧바로 적을 찾아 나섰다. 자신은 동부전선에서 리치먼드로 진격했다. 그리고 서부전선은 자신과 비슷한 전략을 구사하는 윌리엄 셔먼 장군에게 위임했다. 두 전선에서 동시에 남부연합을 밀어붙이는 전략이었다.

그랜트는 11만 5,000명의 대군을 이끌고 북부 버지니아에 주둔하고 있는 리의 7만 5,000명 남군을 찾아 나섰다. 전투는 후커 장군이 패배한 윌드니스에서 벌어졌다. 리는 그랜트를 일부러 그곳으로 유인해 북군에 엄청난 인명 손실이 나도록 만들었지만 그랜트는 꿈쩍도 하지 않았다. 그는 후커와 달리 작은 규모의 패배에도 불구하고 전진만을 했을 뿐이었다.

링컨과 북부의 리더들은 그랜트의 승리 소식을 간절하게 기다리고 있었다. 답답해진 몇몇 의원들이 그랜트의 이전 술버릇을 빌미로 그가 전투에 전념하지 않고 위스키를 마신다고 비난했다. 이에 링컨은 그 위스키 종류가 무엇인지 알면 그에게 그 위스키를 보내겠다는 말로 강한 신뢰를 보냈다. 1864년 5월부터 6월까지 약 한 달 동안 계속된 윌드니스 전투에서 북군은 약 5만 5,000명의 병력 손실을 보았지만 그랜트는 남군 역시 마찬가지라 생각했다. 그는 크고 작은 전투에서 공방을 주고받았지만 패배한 전투가 더 많았다. 그럼에도 그는 리치먼드로 향하는 발길을 멈추지 않았다. 이렇게 하면 남부연합은 더 이상 병력과 물자를 보충할 수 없을 것이고 결국은 고갈되어 항복할 것이라 생각했다. 이제 그랜트는 전쟁을 끝내기 위한 전투를 이끌었다. 하지만 리치먼드는 아직 함락되지 않고 있었다.

동부전선에서 그랜트의 상대로 리가 있었다면 서부전선에서 셔먼의 상대로는 조지프 존스턴이 있었다. 존스턴의 5만 3,000명 병력은 무기와 물자가 부족했지만 셔먼의 9만 대군을 효과적으로 방어하고 있었다. 존스턴은 수차례에 걸쳐 셔먼의 애틀랜타 진격을 늦추었지만 남부연합 대통령 데이비스와의 갈등으로 지휘관에서 해임되었다. 새로이 지휘관이 된 존 후드(John Hood) 장군은 존스턴과 같은 신중함이 부족했다. 그는 방어적인 입장을 버리고 셔먼의 군대를 향해 돌진했다. 하지만 셔먼의 북군은 효과적으로 남군을 물리쳤고 9월 2일에 드디어 애틀랜타를 점령했다. 마거릿 미첼(Margaret Mitchell)의 소설 『바람과 함께 사라지다(Gone With the Wind)』와 동명의 영화는 이 애틀랜타 점령을 시대 배경으로 하고 있다.[40]

셔먼의 애틀랜타 점령은 남부연합에는 치명타였지만 북부연방 특히 공화당과 링컨에게 하나의 선물이었다. 1864년 대통령 선거가 진행 중인 상태에서 링컨은 재선에 나섰고 공화당은 심각하게 분열되어 있었다. 더욱이 민주당은 링컨에 의해 해임당한 매클렐런을 대통령 후보로 지명하여 선거에 임하고 있었다. 이런 상황에서 연방군의 승리는 링컨의 입지를 강화하고 분열되었던 공화당을 단결시키는 결과를 낳았다.

바다로 진군, 피터즈버그 포위 작전, 그리고 리의 항복

존 후드의 저항이 있었지만 셔먼이 가는 길에는 거침이 없었다. 그 역시 애틀랜타를 점령한 후 군사를 정비한 다음

이른바 '바다로 진군(March to the Sea)'을 감행했다. 조지아 동부를 지나 바다까지 60마일을 가로지르면서 셔먼은 모든 것을 파괴하고 불살랐다. 셔먼은 한때 이런 말을 했다고 한다.

전쟁은 결코 명예가 아니다. 전쟁은 지옥이다. 전쟁은 공포 그 자체다.[41]

그의 말대로 '바다로 진군' 동안 연방군은 철도를 파괴하고 농가와 마을을 불살랐다. 확실히 밝혀지지는 않았지만 그런 와중에 수많은 남군 병사들은 물론 아무런 죄가 없는 민간인들까지 희생당했다. 셔먼의 이러한 작전은 적에게 공포심을 심어주어 남부인들로부터 전쟁에 대한 의지를 빼앗고 가능한 빨리 전쟁을 끝내기 위한 것이었다. 당시는 물론 후대에도 셔먼의 잔인한 전투 행위에 대해 많은 비난과 비판이 있었지만 '전쟁을 끝내기 위한 대의로 인한 행동'이라는 점에서 무시되었다.

1864년 12월 20일 셔먼의 연방군은 드디어 서배너에 도착해 시를 공략하고 이틀 만에 항복을 받아냈다. 셔먼은 승리 소식을 링컨에게 크리스마스 선물로 보냈다. 다시 정비를 마친 후 새해가 되자 셔먼은 그랜트의 연방군 본진과 만나기 위해 북쪽으로 행군을 계속했다. 조지프 존스턴이 지휘하고 있던 남군의 저항이 얼마간 있었지만 셔먼이 가는 길에는 거침이 없었다.

한편 교착상태에 빠진 동부전선에서 그랜트는 전략을 바꾸었다. 그는 지난 빅스버그 전투에서 사용했던 전략을 리치먼드를 공략하는 전략으로 다시 한 번 사용하고자 했다. 그동안 몇 번에 걸친 공격에도 난공불락이던 피터즈버그를 포위해 공격하고자 했다. 피터즈버그는 남부의 여러 도시들과 유기적으로 연결되어 있는 철도 중심지였을 뿐 아니라 자연적·인공적 방어기지가 잘 마련되어 있는 곳이었다.

그랜트는 북부의 모든 병력과 물자를 동원해 피터즈버그를 포위하고 조금씩 조금씩 전진해 들어갔다. 약 9개월간의 끈질긴 공략 끝에 그랜트는 1865년 4월이 되자 드디어 리가 지키고 있던 피터즈버그를 점령할 수 있었다. 피터즈버그가 점령당했다는 소식을 들은 남부연합 대통령 데이비스는 수도를 노스캐롤라이나의 댄빌로 옮겼지만 사실상 아무런 의미가 없었다. 리와 데이비스는 댄빌에서 존스턴과 연합해서 북진하는 셔먼을 먼저 물리치고 그다음 그랜트를 상대하려고 생각했다. 하지만 이것은 실현 불가능한 꿈에 불과했다. 남쪽에서 강력한 기세로 셔먼이 올라오고 있고 북쪽에서는 집요하게 그랜트가 내려오고 있었다. 양쪽 전선에서 얼마간 전투가 있었지만 모든 것이 고갈된 남군은 더 이상 북군의 상대가 되지 못했다. 더 이상의 저항은 희생만 부를 뿐이라 생각한 남군 사령관 리는 그랜트에게 항복 의사를 전달하고 4월 9일 애포매톡스 법원에서 그랜트를 만났다. 그랜트는 리로부터 '무조건 항복'을 받아냈다. 데이비스와 그의 내각 인사들은 리치먼드를 버리고 도망쳤다. 기나긴 전쟁이 끝났다. 그리고 다음 날 흑인으로 구성된 보병부대 제29여단이 대통령 링컨과 함께 적의 수도에 진입했다.[42]

북부연방의 승리로 끝난 남북전쟁은 약 60만 명 이상의 인명 피해를 냈다. 이것은 미국이 베트남 전쟁에 이르기까지 치른 모든 전쟁에서 희생된 수보다 더 많았다. 모든 전쟁이 그러하듯 남북전쟁 역시 복잡다단한 수많은 결과를 낳았다. 정치적으로 미국은 지역주의의 한계를 극복하고 연방국가의 형태를 띤 하나의 국민국가로서 시금석을 낳았다. 사회적으로는 완전히 실행되지는 않았지만 명목상으로나마 노예 해방을 통해 인간의 자유와 평등을 실현하는 민주주의국가를 만들어냈다. 경제적으로는 남부의 농업 중심보다 북동부의 상공업 중심으로 자본주의 발달을 촉진시켜 자유방임을 통한 거대기업의 출현을 가능하게 만들었다.

링컨 리더십의 실체[43]

인간 본성에 대한 이해와 실천

북부연방이 남부연합을 상대로 승리한 가장 큰 요인 중 하나로 링컨이 대통령으로서 발휘한 탁월한 리더십을 들지 않을 수 없다. 짐 콜린스(Jim Collins)는 위대한 리더의 공통된 특성으로 "사람이 먼저 … 다음에 할 일"이라고 했다. 그들은 명령, 카리스마, 실리로 사람을 이끄는 패튼과 시저보다는 칭찬, 설득, 관용으로 다른 사람의 마음을 움직이는 링컨과 소크라테스 같은 사람들이다.[44] 명령하지 않고 사람을 움직이는 방법은 무엇인가? 그것도 사람들이 최선을 다하도록 하는 방법은 무엇인가?

링컨 대통령은 이 방법을 알고 있었다. 사람은 본성적으로 비난보다 칭찬을, 명령이나 강요보다 설득을, 복수나 적의보다 관용과 용서를, 냉랭하고 굳은 분위기보다 부드럽고 유연한 유머를 더 좋아한다는 사실을 링컨은 알았고, 그것을 실제 삶에 적용했다. 1864년에 「뉴욕 해럴드(New York Herald)」지는 링컨의 본성과 관련하여 "누구나 알고 있는 아주 평범한 상식, 친절한 마음, 목표를 향한 열정, 그리고 가난한 사람과 사회적 약자를 배려하는 예민한 감각을 가진 링컨의 본성이 다른 사람이면 수렁에 빠지게 만들 어려움을 극복할 수 있게 해주었다"라고 논평했다.[45]

사람들은 자신들에 대해 긍정적인 말을 하거나 칭찬을 해주면 좋아한다는 것을 링컨은 잘 알고 있었다. 스프링필드에서 변호사 생활을 할 때는 물론 대통령이 되어서도 링컨은 칭찬의 유용성을 알고 실천했다. 한 청년이 링컨의 사진에 사인을 해달라고 부탁하면서 이런 부탁에 짜증이 나지 않느냐고 물었다. 그러자 링컨은 "그래요. 당신도 알겠지만 사람들은 아부를 받을 때 기분이 좋아지는 것은 사실이며, 그 사람과 잘 지내게 된다는 것은 일반적인 일입니다"라고 대답했다.[46]

단기전으로 끝나기를 기대했던 전쟁은 장기전으로 진행

되었고 연방군은 뚜렷한 승리를 담보하지 못한 채 있었다. 링컨은 장군들이 전쟁에 적극 나서주기를 간절히 원했지만 그랜트가 등장하기 전까지 대부분의 장군들은 하나같이 링컨의 요구에 부응하지 못했다. 그런 중에 1863년 7월 미시시피 강변의 멤피스와 뉴올리언스 중간 지점에 있는 미시시피 주 빅스버그에서 남북전쟁의 전환점이 되는 전투가 치러졌다. 이 전투에서 연방군은 남부연합을 둘로 갈라놓는 전략으로 승리를 노렸다. 애당초 링컨은 전투에 임하는 그랜트가 적극 공략에 나서 승리를 거두기를 간절히 원했지만 사실 큰 기대는 하지 않았다. 하지만 결국 승리를 이끌어낸 그랜트 장군에게 링컨은 승리에 대한 진솔한 칭찬과 자신의 의심에 대한 솔직한 사과 편지를 보냈다.

당신과 내가 이전에 개인적으로 만난 적이 있는지 잘 기억이 나지 않습니다. 나는 지금 이 나라를 위한 당신의 이루 헤아릴 수 없는 헌신에 깊이 감사하지 않을 수가 없습니다. 몇 마디 더 할까 합니다. 빅스버그 근처에 당신이 도착했을 때 사실 나는 당신이 전투에서 나보다 유능하다는 것 외에 당신에게 그 어떤 희망도 품지 않았습니다. 그래서 나는 혹시 전투에서 실패하지 않을까 하는 두려움이 있었습니다. 그러나 이제 나는 당신이 옳았고 내가 틀렸다는 것을 솔직히 인정합니다.[47]

링컨은 이 전투 이후 그랜트를 그토록 찾고자 노력했던 장군이라 확신했다. 이 편지를 받은 그랜트 장군의 심정은 어떠했을까? 대통령의 솔직한 태도와 칭찬에 자신의 존재 가치를 크게 느끼지 않았겠는가? 그래서 그랜트는 전쟁 승리라는 대통령의 목표에 부응하고자 적극 노력하지 않았겠는가? 테네시 전투를 비롯하여 빅스버그, 미시시피 강과 서부 지역 등에서 혁혁한 전과를 올린 그랜트의 잇따른 승리에 링컨은 진심으로 기뻐했다. 링컨은 1864년 3월 10일 드디어 그랜트 장군을 총사령관으로 임명하면서 거듭 칭찬을 아끼지 않았다.

> 그랜트 장군은 내가 만난 최고의 장군입니다. 여러분은 그가 다른 모든 장군들에게 귀감이 될 것임을 알 것입니다. 나는 나 없이도 전쟁을 이끌어갈 수 있는 사람을 찾은 것이 너무나 기쁩니다.[48]

대통령의 이러한 칭찬에 힘입어 그랜트는 비록 어려움은 있었지만 끝까지 포기하지 않고 박차를 가하여 남부연합의 리로부터 '무조건 항복'을 이끌어내 남북전쟁을 종결시켰다. 링컨이 윌리엄 셔먼 장군과 주고받은 편지에서도 우리는 그가 보여준 리더십에서 칭찬의 유용성이 유감없이 발휘

되고 있음을 확인할 수 있다. 셔먼 장군은 1964년 12월에 그랜트가 리와 전투를 하는 동안 조지아 주를 점령하고 애틀랜타를 거쳐 해안 거점 지역인 서배너를 점령하여 남부연합에 치명타를 안겨주었다. 서배너를 점령하겠다는 셔먼의 주장에 대해 링컨은 물론 그랜트까지 지나친 욕심이라고 생각했다. 그러나 크리스마스가 되기 전에 셔먼 장군은 서배너를 점령하여 링컨에게 선물로 바쳤다. 링컨은 셔먼에게 감사 편지를 보냈다.

'서배너 점령'이라는 당신의 크리스마스 선물에 나는 감사 드리고 또 감사드립니다. 당신이 대서양으로 가기 위해 애틀랜타를 떠날 때 나는 적지 않은 걱정을 했습니다. 이제 당신이 취한 작전은 성공했고 모든 명예와 영광은 당신 것입니다.[49]

대통령의 편지에 장군은 다음과 같이 답했다.

당신[대통령]의 편지를 받고 저는 너무나 기분이 좋았습니다. 특히 당신이 제가 지휘하는 부대에 관심을 가져준 것에 더욱 기분이 좋아집니다. 저는 당신의 다음 목표가 무엇인지를 파악하는 대로 바로 작전을 수행할 준비가 되어 있습니다.[50]

1865년 4월 9일 남부연합이 항복하고 전쟁이 끝나자 링컨은 가슴이 벅찼다. 암살당하기 3일 전 4월 12일 그는 백악관 마당에 모인 군중들에게 마지막이 될 연설을 했다.

전쟁 수행을 위한 그 어떤 계획도 작전도 나로부터 이루어진 것은 없습니다. 이 승리의 명예 역시 나의 것은 아닙니다. 이것은 모두 그랜트 장군과 그의 유능한 장교들과 용감한 군인들의 것입니다.[51]

링컨은 칭찬을 싫어하는 사람은 아무도 없으며 모든 사람은 자신에 대해 긍정적인 말을 해주는 것을 좋아한다는 것을 알고 있었다. 국민들은 대통령의 겸손과 칭찬을 아끼지 않는 태도에 감동하지 않을 수 없었을 것이다.

링컨은 또한 사람들은 누구나 자신의 의지와 상관없이 강요받는 것을 싫어한다는 것을 알고 있었다. 그래서 링컨은 명령과 강요로 일을 하는 사람은 폭군이나 압제자와 다를 바가 없다고 생각했다. 전쟁기 대통령으로서 링컨은 사실상 강력한 권한을 가지고 있었다. 하지만 링컨은 휘하 장군들에게 명령하지 않았고 제안과 권고 등으로 설득하는 길을 택했다. 도널드 필립스(Donald Philips)는 링컨이 장군들에게 보낸 설득하는 내용이 가득한 편지를 모아놓았다.

- 할렉 장군께(1863년 9월 19일): 나는 당신이 이 점을 고려해주기를 희망합니다(I hope).

- 번사이드 장군께(1863년 9월 27일): 이것은 당신에게 제안하는 것(suggested)이지 명령이 아니랍니다(not ordered).

- 매클렐런 장군께(1863년 10월 13일): 이 편지는 명령이라고 볼 수 있는 내용을 포함하고 있지 않습니다(in no sense of order).

- 뱅크스 장군께(1864년 1월 13일): 나와 상관없이 당신의 판단에 따라(according to your own judgment) 명령을 내리고 시간과 장소, 이것과 저것을 결정하십시오.

- 그랜트 장군께(1864년 4월 30일): 만약 대통령으로서 나의 권력에서 버려야 할 그 무엇이 있다면 나에게 알려주십시오.[52]

링컨이 번사이드 장군을 포토맥 지역 사령관직에서 해임하고 그 후임으로 후커 장군을 임명하면서 건네준 편지는 명령이 아니라 상대를 설득하는 리더십의 진수를 보여준다. 이미 매클렐런을 비롯한 여러 장군들에게서 적극적인 행동을 보지 못해 애를 태웠던 링컨은 과감하고 용감한 후커 장군을 눈여겨보았다. 하지만 후커 장군에게는 한 가지 문제가 있었다. 후커는 상급자를 자주 비난하고 심지어 말다툼까지 했다. 더욱이 그는 전쟁 중에 미국은 독재자를 원한다고 주장하기도 했다. 링컨은 이런 후커를 사령관에 임명하지 않을 수도 있었지만 자신이 추구하는 일(전쟁 승리)에 그가 적격이라고 생각했다. 1863년 1월 26일 링컨은 후커를 백악관으로 불러 임명장을 주면서 한 통의 편지를 건넸다. "나는 장군을 포토맥 지역 사령관에 임명했습니다"로 시작되는 이 편지의 앞부분에는 칭찬을 통해 후커를 임명한 이유를 설명했다. 링컨은 후커의 용감성, 전략전술, 정치에 기웃거리지 않고 군인의 길을 가는 모습, 원대한 야망 등을 칭찬했다. 이어 그는 후커가 상급자를 비난한 일과 독재자를 원한다고 한 말에 대해 그것이 잘못된 행동임을 지적하고 다음과 같이 편지를 마무리했다.

나는 당신을 사령관으로 임명했습니다. 성공하는 장군만이 독재자에게 권력을 줄 수 있습니다. 지금 내가 당신에게 부탁 드리는 것은 군사적 성공입니다. 당신이 성공만 한다면 나는 독재를 해볼 수도 있습니다. 이 정부는 지금까지 해온 일 이상 으로 능력이 다하기까지 당신을 지원할 것입니다. 부탁드리니 경솔하지 마십시오.[53]

이 편지에 감동받은 후커 장군은 몇 달 후 이를 언론에 공개하면서 "마치 아버지가 아들에게 보낸 편지 바로 그것"이라고 말했다.[54] 후커는 링컨에게서 당근과 채찍을 가진 리더가 아니라 설득하고 배려하는 아버지 같은 인상을 받았음에 틀림없다.

사람은 누구나 복수나 악의보다 관용과 용서를 더 좋아한다. 이는 인간의 자연스러운 본성인데 링컨은 이를 익히 알고 실천했다. 1862년 7월 28일 루이지애나를 연방에 다시 가입시키는 문제와 관련하여 링컨은 "나는 악의를 가지고는 어떤 일도 하지 않을 것입니다. 내가 하고 있는 일은 악의를 가지고 처리하기에는 너무나 중요하고 방대합니다"라고 말했다.[55] 또한 1864년 두 번째 임기를 위한 선거가 끝난 후 한 보좌관이 링컨에게 현 정권에 대해 가장 악랄하게 굴었던 두 명을 상대로 철저하게 보복하자고 건의하자 링컨은 "당신은 나보다 그 사람들에 대해 개인적 혐오감을 더 느끼는 모양인데, 내가 이상한 것인지 모르겠으나 나는 그런 일에 계산을 해본 적이 없소"라고 대답했다.[56]

링컨은 역대 어느 대통령보다 많은 사면을 단행했다. 휘하 장군으로부터 올라온 탈영병에 대한 사형 집행 서류를 놓고 링컨은 종이에 "적 앞에서 두려움" "두려움에 떨고 있는 다리" "도망가려는 욕망" "취약한 발"이라고 적었다. 그러고는 장군에게 "전지전능하신 하느님께서 그 사람에게 겁 많은 다리를 주셨는데 그가 도망치는 두 다리를 어떻게 하겠습니까?"라는 의견을 내놓았다.[57] 링컨은 백악관에서 자식들과 인형놀이를 하곤 했다. 윌리(William 'Willie' Wallace Lincoln)와 태드(Thomas 'Tad' Lincoln)는 졸아서 경비 의무를 소홀히 한 인형에게 사형을 내리고 아버지에게 사면을 해달라고 졸랐다. 그럴 때마다 링컨은 "대통령의 명령으로 인형 잭을 사면하노라. A. 링컨"이라는 말로 사면해주었다.[58] 사면을 너무 많이 해주는 것에 대해 보좌관들이 염려하자 링컨은 "우리는 가능한 모든 수단을 동원하여 정부를 전복하려는 행위는 막아야 하지만, 동시에 우리는 사회라는 가슴에 너무나 많은 가시를 심고 그것이 자라나게 하는 일에 대해서는 반드시 피해야만 합니다"라고 말했다.[59] 사면을 받은 군인들은 연방군의 대의에 최선을 다했음은 물론 링컨을 자신들의 진정한 리더로 받아들였음은 두말할 나위도 없다.

링컨은 연방을 탈퇴하고 수많은 사람들을 전쟁의 구렁텅이로 몰아넣은 남부연합에 대해서도 일찍부터 관용과 용서로 다시 수용하고자 노력했다. 1863년 10월 8일 의회에 보낸 연두교서에서 링컨은 이른바 '10퍼센트 안'을 밝혔다. 이는 연방을 탈퇴한 남부 주들 가운데 유권자의 10퍼센트 이상이 충성을 서약하는 주에 대해서는 다시 연방 소속 주로 인정한다는 것이 핵심이었다.[60] 승리를 눈앞에 두고 링컨은 남부연합의 지도자들도 용서하고자 했다. 심지어 남부연합 대통령인 제퍼슨 데이비스가 도망을 가도록 셔먼 장군에게 다음과 같은 암시를 주었다.

극기를 실천하는 사람이 있었는데 더운 날씨에 한 친구가 레모네이드를 그에게 권했습니다. 친구가 그에게 힘이 솟게 하는 알약을 넣을 것이라고 하자 '원칙적으로 원하지는 않지만 내가 모르게 넣는다면 괜찮을 것 같다'고 말했습니다. 데이비스 문제도 이와 같습니다. 데이비스가 도망치는 것은 원치 않지만 내가 알지 못하게 도망가도록 하는 것도 나쁘지는 않다고 생각합니다.[61]

자신이 말했듯이 링컨은 복수와는 거리가 먼 사람이었다. 그는 복수심과 원한을 가지고는 아무 일도 하지 못할 사람이었다. 총 703개 단어로 아주 짧은, 그러나 불후의 연설이 그의 두 번째 취임식에서 이루어졌다. 무시무시한 전쟁에서 승리를 눈앞에 둔 마당이라면 전쟁의 책임을 거론하는 것이 일반적일 것이다. 그러나 링컨은 이 전쟁의 책임이 누구에게 있는가에 대해 문제 삼지 않았다. 그리고 국민들에게 악의를 멀리하고 용서와 관용으로 새로운 시대를 맞이하자고 호소했다. 그의 두 번째 취임식 연설 마지막 부분에서 우리는 링컨의 관용의 리더십의 진수를 볼 수 있다.

그 누구에게도 악의를 가지고는 대하지 맙시다. 모든 사람을 사랑합시다. 하느님이 우리에게 정의를 보여준 것과 같은 정의에 대해 확신을 가집시다. 이제 우리 이 일[전쟁]을 끝내는 데 최선을 다합시다. 이 나라가 입은 상처를 동여맵시다. 전쟁으로 사망한 사람, 그의 아내, 그의 고아들을 돌봅시다. 그리하여 우리 사이에서, 나아가 모든 나라에서 정의롭고 영원한 평화가 달성되고 지속될 수 있도록 모든 일을 합시다.[62]

리더가 마음이 좁으면 대부분의 구성원들 역시 좁은 마음으로 행동한다. 그러나 리더가 칭찬과 설득과 관용으로 구성원을 이끌면 구성원들 역시 리더를 닮게 된다. 링컨 리더십은 비난과 강요와 처벌로 영향력을 행사하지 않는다. 링컨은 구성원을 칭찬하고 설득해서 그들 스스로 변화하도록 이끌었으며 실수와 실패를 단죄하지 않고 용서하는 리더십으로 사람들을 이끌었다. 그는 항상 관용이 엄격한 정의보다 더욱 풍성한 결과를 낳는다는 사실을 알고 있었고 이를 실천했다.

명확한 목표와 비전

위대한 리더는 달성하고자 하는 명확한 목표를 가지고 있다. 아무리 능력 있는 리더라 하더라도 그를 따르는 팔로어(follower)들이 없다면 그는 이미 리더가 아니다. 또한 훌륭한 리더가 있고 그를 따르는 이들이 있다 하더라도 그들이 추구해야 할 목표가 없고 불분명하다면 거기에는 리더십이 작용하지 않는다. 목표는 명료해야 한다. 추구하는 목표가 무엇인지 따르는 이들이 쉽게 이해하고 그것에 대해 리더와 동일한 마음으로 추구할 때 리더십은 작용하는 것이다. 목표는 명백한 것이어야 함은 물론이고 다른 사람에게, 나아가 조직에게도 공유될 수 있는 공동의 것이어야 한다. 리더십에서는 자신만을 위한 목표 설정과 추구는 논의의 대상조차 될 수 없다. 리더십은 리더와 팔로어가 공동의 목표를 달성하기 위해 상호관계를 유지하며 이루어가는 기술이다.

링컨 대통령은 달성하고자 하는 분명한 목표를 가지고 있었다. 링컨의 목표는 그의 취임사와 다른 중요한 연설에서 구체화되어 있다. 그것은 명료했으며 팔로어들과 같이 추구해야 할 공동의 목표였다. 그것은 첫 번째 취임사에서 밝혔듯이 "헌법보다 훨씬 오래된 것"이었다. 바로 '연방 보존'이었다. 링컨은 오랫동안 미국인들을 결집시켜왔던 두 가지 근본 가치인 자유와 평등의 추구를 지속적으로 공유하고 강조하고 또 강조했다. 그는 「독립선언서」에 구체화된 내용으로부터 생겨나지 않은 생각은 정치적으로 단 한 번도 한 적이 없다고 말했다. 그래서 링컨에게 연방 분리는 「독립선언서」와 연방헌법을 부정하는 것과 같았다. 연방의 연속성은 법적·역사적으로 보장된 것이었다. 대통령에 취임할 때 이미 남부의 7개 주가 연방을 탈퇴했고 다른 4개 주도 연방정부에 위협을 가하고 있었다. 이러한 위협은 링컨에게는 물론 미국이라는 국가 자체에도 위협이었다. 아직 전쟁이 시작되지 않았던 때에 링컨은 최선을 다해 전쟁을 피하고자 노력했다. 전쟁이 임박한 상황에서 어떻게 하면 전쟁을 피하고 연방을 보존할 수 있는가 하는 문제가 대통령이 된 링컨의 최대 목표이자 역사적 사명이었다. 그래서 그는 서로 폐쇄가 아니라 개방을, 서로에게 적이 아니라 친구이기를 원했다. 링컨은 취임사 마지막에서 "우리는 적이 아닙니다. 우리는 적이 되어서도 안 됩니다. 감정이 격앙되어 있을 수 있지만 이것으로 우리의 애정과 유대관계가 깨어져서는 안 됩니다"라고 호소했다.

하지만 전쟁은 일어났고 링컨은 평상시 생각에 따라 이 전쟁의 최대 목표로 '미국 건국의 아버지들(Founding Fathers of the United States)'의 유산인 연방을 보존하는 것으로 삼았다. 연방 보존을 위해서는 전쟁에서 승리를 해야 했다. 링컨의 목표는 전쟁 승리를 통한 연방 보존이었다. 링컨은 1862년 7월에 노예해방선언의 초안을 장관들에게 낭독해 보였지만 그때까지만 하더라도 노예해방을 이 전쟁의 근본 목적으로 삼지 않았다. 그는 1862년 8월에 호러스 그릴리(Horace Greeley)에게 "이 전쟁의 최대 목표는 연방을 구원하는 것입니다. 이것은 노예제도를 유지하거나 파괴하는 것이 아닙니다"라는 편지를 썼다.[63]

앞에서도 언급했듯이 어떤 사람들은 노예제도에 대한 링컨의 태도를 문제 삼지만, 링컨에게 노예제도 자체는 분명히 악이었고 폐지되어야 할 것이었다. 링컨의 친구이자 장군이었던 워드 라몬(Ward H. Lamon)이 노예제도 찬성론자들이 링컨의 노예제도 반대 입장을 문제 삼을 것이라고 말하자 링컨은 "나는 흥분한 대중들은 겁나지 않네. 나는 인간을 사고 파는 노예제도의 비열하고 저속한 면을 솔직하게 말하는 데 조금도 방해받지 않을 것이네"라고 말했다.[64] 링컨이 초기에 노예제도 폐지를 전쟁 목표로 삼지 않은 것은 아직 노예제도를 유지하고 있는 경계주들을 고려해서였다. 또한 링컨은 인간으로서는 동등하다는 생각은 분명히 가지고 있었지만, 당시 미국 사회의 현실에서 흑인과 백인은 결코 동등하지 않았다. 그래서 링컨은 노예해방을 서두르지 않았고 노예제도의 점진적인 폐지에 역점을 두었다.[65]

그러나 링컨은 자신의 생각과 달리 전쟁이 장기전으로 교착상태에 빠져들자 전쟁 목표를 발전시켜야 할 때가 왔다고 생각했다. 이미 두 달 전 노예해방령에 대한 초안을 장관들에게 보였던 링컨은 수어드의 건의에 따라 앤티텀 전투 승리 후 1862년 9월 22일에 내각회의에서 공식 발표했다. 이것은 1863년 1월 1일부로 세계에 선언될 터였다.

이 반란을 진압하기 위해 적합하고 필요한 전쟁 조치로, … 현재 미합중국에 대해 반란 상태에 있는 주의 지역 내에서 노예로 있는 모든 사람은 이제부터 자유의 몸이 될 것이라고 명령하고 선언합니다. … 적합한 조건을 가진 사람은 미국 군대에 편입되어, … 나는 이 행동(노예해방)이 헌법이 보장하며 군사상 필요한 것으로 정당하다고 믿습니다.[66]

연방 보존과 전쟁 승리라는 당초 목표에 이제 노예해방이 첨가되었다. 링컨에게 노예해방은 본래의 목적 달성에 충실함을 더해주는 결과를 낳았다. 전면적인 노예해방을 하지 않고 군사상 필요성으로 노예해방을 한정한 것은 해방된 흑인의 연방군대 참전을 노린 링컨의 훌륭한 전략이었다. 노예해방이 남부의 노동력을 분열시키고 그 노동력의 일부를 북부의 군사력으로 전환시키는 결과를 초래함으로써 남부연합은 전쟁 수행에 큰 타격을 입었다. 링컨을 연구한 제임스 맥퍼슨(James McPherson)은 "해방된 노예로 구성된 북군은 궁극적으로 남부의 악몽이었다. 이전의 주인과 싸워 그들을 죽인 흑인 군인들은 링컨의 노예해방 정책에 가장 혁명적인 차원의 결과를 가져다주었다"라고 말했다.[67] 링컨은 1863년 8월 일리노이 주 스프링필드의 시장인 제임스 콩클링(James Conkling)에게 보낸 편지에서 "나는 지금까지 우리가 승리한 중요한 전투 중에서 노예해방 정책으로 흑인들이 참전한 전투가 반란 세력을 다루는 가장 성공적인 결과를 낳았다고 생각합니다"라는 견해를 피력했다.[68] 링컨에게 노예해방은 단순한 전략 차원을 넘어서 결과적으로 전쟁의 새롭고 혁명적인 목표가 되었던 것이다.

남북전쟁은 링컨의 대중적 입지를 강화시키고 대통령의 권한을 확대시키는 결과를 낳았다. 뿐만 아니라 연방과 노예제도는 양립할 수 없으며, 본래부터 이 나라는 모든 인간은 법 앞에 평등하다는 원리로 세워졌다는 사실을 국민들에게 설득하는 기회를 링컨에게 제공해주었다. 1863년 11월 19일 게티즈버그 연설에서 링컨은 일부러 헌법을 인용하지 않고 「독립선언서」를 언급했다.

지금부터 87년 전 우리의 조상들은 이 대륙에 자유를 신봉하고 모든 사람은 평등하게 창조되었다는 명제에 헌신하는 새로운 국민을 창조했습니다. 지금 우리는 그렇게 신봉하고 헌신하는 국민이 오랫동안 지속할 수 있는가를 실험하는 전쟁 속에 있습니다. … 그리고 이 나라는 하느님의 가호 아래 새로운 자유를 탄생시켜야 합니다. 국민의, 국민에 의한, 국민을 위한 정치가 지상에서 사라지지 않도록 해야 합니다.[69]

　링컨은 국민들을 설득하기 위해 엄격히 말해 헌법을 위반하고서라도 노예해방에 정당성을 부여하고자 했다. 신중하게 선택되어 272자로 구성된 이 연설을 통해 링컨은 종래 목표였던 연방 보존에 새롭게 자유와 평등의 원리를 더하여 목표를 확대시켰다. 여기에서 언급한 '국민'은 흑인과 백인이 포함된 개념이었다. 이것은 인간 평등 실현이라는 숭고한 목표의 당위성을 제공하는 순간이었다. 이것은 국민들에게 미래 비전을 제시하는 것이었다.

　리더십에서 목표와 비전을 세우고 이를 팔로어들이 알도록 하고 그들이 함께 일하도록 설득하는 것은 너무나 중요하다. 목표를 통해 팔로어들은 동기를 부여받고 그 목표 달성을 위해 자신의 재능과 에너지를 집중하게 된다. 연방을 보존하고자 했고, 이를 위해 불가피하게 전쟁을 선택했고, 전쟁의 승리를 위해 처음에는 군사상 필요에 따라 노예해방령을 발표했지만 궁극적으로 새로운 자유와 평등의 원리가 보장되도록 한 것은, 링컨 개인의 목표가 아니라 팔로어들과 함께한 공동의 목표였다. 대통령에 두 번째로 당선되고 머지않아 전쟁이 끝나리라는 것이 명백한 가운데 링컨은 또 한 번의 숭고한 목표와 비전을 국민들에게 알렸다. "그 누구에게도 악의를 가지고는 대하지 맙시다. 모든 사람을 사랑합시다"에서 보듯이 링컨은 서로를 용서하고 사랑으로 평화를 이루기를 원했다.

링컨은 연방을 보존하고 전쟁을 성공적으로 수행하는 목표를 달성하기 위해 대통령으로서 모든 방법을 강구했다. 그는 섬터 요새 전투 이후 군대동원령을 내렸으며, 버지니아와 텍사스까지 봉쇄하는 선전포고문을 발표했고, 나아가 인신보호영장 청구권을 중지시키는 일까지 단행했다. 이에 대법원장 로저 토니는 오직 의회만이 인신보호영장을 일시 중지시킬 수 있다고 주장하면서 링컨을 비난했다. 심지어 링컨을 독재자나 전제군주로 표현하기까지 했다. 하지만 목표 달성을 위한 링컨의 노력은 단호했다.[70] 자신에 대한 이러한 비난에 대해 링컨은 다음과 같은 말로 일축했다.

국가를 잃으면서 헌법을 지키는 것이 가능합니까? 일반적으로 볼 때 생명과 팔다리는 보호되어야 합니다. 그런데 종종 생명을 구하기 위해 팔다리를 절단해야 될 때가 있습니다. 이와 달리 팔다리를 구하기 위해 생명을 버리는 행위는 현명하다고 생각하지 않습니다. 나는 생명을 구하기 위해 팔다리를 절단하는 행위가 국가를 보존하여 헌법을 지키는 데 절대적으로 필요한 것이 되게 함으로써, 이것이 헌법에 위배되는 것이 아니라 합법한 것이 될 수 있다고 생각합니다.[71]

목표 달성을 위한 링컨의 열정은 누구보다 강했다. 링컨과 변호사 사무실을 운영했던 윌리엄 헌던(William Herndon)은 "그는 항상 앞서서 예상했고 미리 계획을 세웠다. 그의 야망은 마치 휴식을 모르는 작은 엔진과도 같았다"라고 썼다.[72] 상점 운영, 우체국장, 측량기사, 변호사, 정치가, 그리고 대통령이 되기까지 링컨은 한결같이 헌던이 말한 작은 엔진을 달고 다녔다. 대통령이라는 목표를 달성하기 위한 과정에서 링컨은 수차례 실패와 좌절을 맛보았지만 결코 굴하지 않았다. 1858년 상원의원 선거에서 스티븐 더글러스에게 패한 뒤 친구인 알렉산더 심슨(Alexander Sympson)에게 "나는 궁극적으로 우리가 이길 수 있다는 확실한 믿음이 있네. 리더의 목표는 단계적으로 이루어지지. 사람들은 그것이 너무나 평범해서 목표가 이루어지는 것을 기다리지 못해. … 나는 죽지도 않았고 죽어가지도 않네"라고 말했다.[73] 우리는 링컨이 사람들에게 자주 했던 이야기에서 목표를 달성하고자 하는 그의 열정이 얼마나 강했나를 이해할 수 있다.

자기보다 덩치가 큰 개를 제압하는 작은 개가 있었는데 이 개가 다른 개를 이기는 이유는 단순합니다. 다른 개들은 싸우기를 망설이는데 그 작은 개는 곧바로 미친 듯이 싸우기 시작하기 때문입니다.[74]

링컨은 전쟁을 수행하면서 이 이야기를 자주 장군들과 내각 인사들에게 해주었다고 한다.

뛰어난 리더는 목표를 세우고 그 목표를 팔로어들이 적극 추진할 수 있도록 동기를 부여하고 그들을 설득해야 하는데, 링컨은 바로 그런 리더였다. 또한 링컨은 자신이 제시한 목표를 성공적으로 수행할 수 있는 인재를 발굴하는 데 열정을 다했다. 대통령이 되어 내각을 구성하면서 링컨이 핵심으로 삼은 인사 규정은 목표 달성에 적합한 인재였다. 따라서 링컨에게는 이전의 적이라도 문제가 되지 않았다. 그래서 그는 대통령 예비선거에서 최대 라이벌이었던 수어드를 국무장관에, 변호사 시절 자신을 비난했던 에드윈 스탠턴(Edwin Stanton)을 전쟁장관에, 사사건건 반대하고 다음 대통령에 도전하겠다는 샐먼 체이스(Salmon Chase)를 재무장관에 임명했다. 링컨은 전쟁을 승리로 이끌 수 있는 장군을 찾는 데도 끊임없는 노력을 기울였다. 링컨에게 연공서열은 무의미했다. 자신에 대한 무시나 도전 또한 문제가 되지 않았다. 링컨은 오로지 전쟁을 승리로 이끌 장군이 필요했다. 스콧에서 시작하여 그랜트를 찾기까지 여러 명의 장군을 해임하고 임명한 것을 보더라도 링컨이 얼마나 목표 달성에 진력했나를 엿볼 수 있다.

성공하는 리더십에는 목표에 집중하는 능력 역시 필요하다. 링컨은 전쟁 승리를 통해 연방을 보존하는 궁극적인 목표 달성을 위해 매 단계별로 집중했다. 전쟁 초기에는 군대를 재건하고, 남부의 항구와 미시시피 강을 장악하는 데 집중했다. 전쟁이 계속되자 그는 남부연합의 수도인 리치먼드 공략을 목표로 삼지 않고 남군 사령관 리 장군에게 집중했다. 링컨은 1863년 6월 후커 장군이 리치먼드로 진격하겠다고 주장하자 "장군의 진정한 목표는 리치먼드가 아니라 리 장군입니다"라고 말했다.[75] 링컨은 목표 달성을 위한 핵심이 무엇인지를 알았다. 전쟁이 끝날 무렵 링컨은 전후 평화로운 미국의 재건에 집중했다.

이렇듯 링컨에게는 명확한 목표와 비전이 있었다. 미국을 수호한다는 목표는 「독립선언서」와 헌법의 정신을 부활시킴으로써 국민들에게 자긍심과 애국심을 다시 심어주는 계기가 되었다. 노예제도에 대한 투쟁은 이미 오래된 문제였으나 전쟁이라는 선택을 통해 이 문제에 종지부를 찍는 계기를 마련했다. 그리고 서로를 용서하는 새로운 미국 건설이라는 비전 제시는 국민들에게 또다시 발전하고 성장할 수 있다는 용기를 주었다.

개방적인 협력

링컨 리더십의 핵심에는 정직이 자리하고 있다. 정직은 진실이며 진실은 비밀과 차별 같은 폐쇄성으로는 도달할 수 없다. 그래서 링컨과 같은 위대한 리더들은 혼자서 일을 하지 않는다. 그들은 개방적이며 협력을 통해 일을 한다. 리더십을 제외한 다른 분야에서 협력은 단순한 물리적 결합을 의미하지만 리더십에서 그것은 단순히 힘을 합치는 것 이상이다. 리더십에서 협력은 벽과 칸막이를 없애는 변화로부터 가능하다. 링컨, 알렉산드로스, 칭기즈칸, 워싱턴, 프랭클린 루스벨트, 간디 등 역사적으로 위대한 리더들은 벽과 칸막이를 세우지 않았다. 오늘날 잭 웰치, 존 맥스웰, 스티븐 코비, 짐 콜린스 등 최고의 리더십 전문가들 역시 위대한 리더의 조건으로 벽과 칸막이가 없는 개방적인 협력의 리더십을 강조하고 있다.

대통령이 되면서 링컨이 가장 먼저 한 일은 백악관 개방 정책이었다. 백악관 집무실에는 아침부터 저녁까지 방문객으로 들끓었다. 대통령에 취임 다음 날부터 방문객들이 어찌나 많았는지 백악관 정문 층계까지 사람들이 열을 지어 앉아 있었다. 「새크라멘토 유니언(Sacramento Union)」은 당시 백악관 풍경에 대해 "사람들의 출입을 막는 사람은 아무도 없다. 씻은 사람이나 씻지 않은 사람 할 것 없이 누구나 항상 자유롭게 왕래한다"라고 썼다.[76] 실제로 링컨은 시간이 허락하는 한 많은 사람들과 만났다. 백악관 1층 전체는 일반 대중에게 완전히 공개되었고 2층도 반 정도는 일반에 공개되어 링컨의 가족들이 쓰기에 협소할 정도였다. 링컨의 비서인 존 니콜라이(John Nicolay)와 존 헤이(John Hay)는 링컨이 "자기 시간의 75퍼센트를 사람들 만나는 데 썼다"라고 회고했다. 니콜라이와 헤이가 방문객들에게 대통령께서 바쁘시니 다음에 와달라고 하면 링컨이 직접 문을 열고 그들을 반겼다. 경호 문제로 갈등을 빚었지만 링컨은 "내가 아무런 두려움이 없이 국민들에게 다가간다는 것을 그들이 아는 것은 너무나 중요한 일입니다"라며 근접 경호를 마다했다.[77] 링컨은 자신과 국민들 간에 어떠한 거리도 두려고 하지 않았다. 링컨은 1863년 인디애나 주에 사는 한 남자에게 "나는 나를 방문하는 사람과 만나기를 거절하는 경우가 거의 없습니다. 만약 당신이 나를 찾아오면 당신을 만날 것입니다"라는 편지를 보냈다.[78]

링컨의 벽이 없는 개방적 협력 정책은 연방을 수호하는 목표를 달성하는 데 가장 중요한 세력인 군인들과의 관계에서 쉽게 찾아볼 수 있다. 링컨은 전장에 가기 위해 수도 워싱턴을 행군하는 군인들을 직접 만나 그들을 격려하고 용기를 불어넣어주었다. 그는 지나가는 군인들을 향해 "만약 여러분이 전쟁을 승리로 이끌 수 있다면 나도 할 수 있답니다"라고 말했다.[79] 링컨은 군인들이 있는 곳이면 어디든 직접 가서 그들을 만났다. 링컨은 요새, 해군 조선소, 야전병원, 장례식, 심지어 전투가 벌어지는 전장에서 군인들을 만나 악수를 나누고 군대를 사열하면서 그들을 자랑스럽게 생각한다고 말했다. 「뉴욕 타임스(New York Times)」는 "대통령은 병사들 개개인과 손을 잡고 진심에서 우러나는 악수를 하면서 군인들의 노고에 감사한다는 말을 했다"라고 보도했다.[80]

링컨은 집무실에서 인의 장벽에 둘러싸인 채 서명만 하는 그런 대통령이 아니었다. 도널드 필립스는 링컨 리더십의 특징 중 가장 핵심적인 것은 그가 "집무실 밖으로 나와 현장에서 사람들을 만난 것"이라고 설명했다. 링컨은 변호사 시절 많은 시간을 할애해 현장에서 직접 정보를 얻고자 노력했다. 대통령은 되었지만 사실상 워싱턴 정가에서 아웃사이더였던 링컨은 더 많은 시간과 열정으로 직접 사람들과 만나고자 했다. 현장에서 사람들을 만날 때는 어떤 형식이나 규정에도 집착하지 않았다. 그는 대통령으로서 각료회의를 해군 조선소나 전장에서 주재하기도 했다. 링컨은 장관들이 방문하기를 기다리지 않고 오히려 장관 개개인을 직접 찾아갔다. 링컨이 가장 자주 찾은 장관은 전쟁장관인 에드윈 스탠턴이었다. 링컨은 중요한 전투가 있을 때마다 스탠턴과 함께 전쟁부 전보실에서 많은 시간을 보냈는데 전쟁에 관한 정보를 빨리 접하고 신속히 대책을 내려주기 위해서였다. 대통령이 되고 난 후부터 죽을 때까지 링컨은 단 세 차례를 제외하고 거의 모든 날을 백악관을 나와 현장에서 생활했다. 1862년 2월 아들 윌리가 사망했을 때, 그리고 1864년 초와 말 자신이 아팠을 때는 어쩔 수 없이 백악관에 머물러 있었다.[81]

인사 방식에서도 링컨은 철저하게 개방적인 협력을 이루고자 했다. 무엇보다 그는 이전의 경쟁자를 국무장관에 임명했다. 국무장관에 임명된 수어드는 링컨이 국가를 책임질 수 있는 리더가 아니라고 생각했다. 그래서 그는 인사를 비롯한 여러 문제에서 독자적인 행동을 서슴지 않았다. 심지어 섬터요새 문제를 두고서는 링컨의 의견은 전혀 고려하지 않고 남부에 양보할 것이라는 주장을 내놓았다. 이에 링컨이 제동을 걸자 수어드는 사표를 냈다. 그러나 링컨은 수어드 집을 직접 찾아가 설득했다. 몇 차례 링컨을 만난 후 수어드는 자기 아내에게 "링컨 대통령의 행정력과 강인한 열정은 그가

가지고 있는 진기한 자질이오. 대통령은 우리 중에 최고요"라고 고백하는 편지를 보냈다.[82]

또한 링컨은 누가 봐도 공적으로든 사적으로든 적일 수밖에 없었던 사람을 전쟁장관에 임명했다. 링컨은 처음에 전쟁장관으로 삼았던 사이먼 캐머런(Simon Cameron)을 부적절하고 투명하지 않은 군사 계약을 이유로 해임하고 대신 스탠턴을 임명했다. 스탠턴은 링컨이 소속되어 있는 공화당원이 아니라 민주당원이었다. 더욱이 1855년에 이미 동부의 저명한 변호사로 이름을 날리고 있었던 스탠턴은 '매코믹-매니 소송사건(the McCormick-Manny Case)'[83]에서 매니 사 소속 변호인단으로 활동하면서 같은 변호인단에 속해 있던 링컨을 무참히 비난했다. 스탠턴은 서부 촌뜨기 출신으로 무명의 변호사였던 링컨과 같은 변호인단에서 활동한다는 사실에 대해 몹시 불쾌하게 생각했다. 그는 링컨을 보고 "지적 능력이 형편없는 키 큰 기린과 같다"라며 비웃었다.[84] 이에 다른 각료들을 비롯하여 많은 사람들이 반대했지만 링컨은 전쟁장관에는 스탠턴이 가장 적합한 인물이라 생각하고 그를 임명했다. 스탠턴은 링컨을 도와 전쟁을 승리로 이끈 유능한 장관이었다.

또한 링컨의 셀먼 체이스와 관계 유지에서 우리는 그의 열린 마음을 볼 수 있다. 재무장관 체이스는 대통령으로서 링컨의 능력을 문제 삼았을 뿐 아니라 노골적으로 차기 대통령에 도전하겠다고 공언했다. 더구나 체이스는 재무부 직원의 인사를 마음대로 하고자 했으며, 심지어 전쟁 수행을 위한 대통령의 자금 준비가 헌법에 어긋난다며 반대했다. 이 일과 관련해 링컨은 대통령 권한을 이용해 체이스의 행동을 일축하고 집행을 명령할 수 있었지만 그렇게 하지 않았다. 링컨은 체이스가 업무 능력이 뛰어나며 전쟁 수행을 위한 비용 조성에 최고의 적임자라고 생각했다. 링컨은 체이스에게 "남부연합이 미합중국을 파괴시키기 위해 헌법을 유린하고 있습니다. 미합중국을 구할 수만 있다면 나는 기꺼이 헌법을 위반할 것입니다"라고 말하면서 그를 설득했다.[85]

그러나 링컨은 의회와 관계에서는 다소 마찰이 있었던 것이 사실이다. 특히 의회의 승인을 받지 않은 노예해방선언과 그의 너무나 온건한 재건 계획은 공화당 급진파들과 갈등을 유발했다. 하지만 대부분의 일에서 링컨은 의회와 우호적인 관계를 유지했다. 이와 관련하여 도널드 필립스는 다음과 같이 쓰고 있다.

링컨은 정기적으로 의회를 방문했다. 링컨은 지난 25년 동안 처음으로 정기의회가 열리는 동안 의회에 참석한 유일한 현직 대통령이었다. 링컨은 자신의 목표를 달성하기 위해서는 의원들의 도움이 필요하다는 것을 알고 있었다. 눈으로 볼 수 있는 이상으로 그들의 진정한 지지를 얻어내는 더 좋은 방법이 무엇인지를 링컨은 알고 있었다. 그는 의원들과 단순한 일 이상의 인간적 친분 관계를 유지하기 위해 노력했다. … 그러나 링컨은 의원들이 자신의 정책에 무조건 반대하거나 회기를 지연하고 활동을 하지 않을 때는 그들과 마찰을 빚었다. … 하지만 대부분의 의원들은 연방을 수호하고자 하는 그의 노력을 인정했다.[86]

링컨은 가능한 한 많은 사람을 만나고 열린 인간관계를 유지하는 것을 스스로 "여론 목욕(public opinion baths)"이라 불렀다. 리더가 자신들에게 쉽게 다가온다는 사실을 알면 팔로어들은 자신들의 리더에 대해 더 긍정적으로 생각하게 된다. 링컨은 바로 이 점을 알고 실천했다. 대통령이 직접 다가가는 것만큼 국민들에게 친근감과 믿음을 주는 일은 없다는 사실을 링컨은 알고 있었다. 그래서 대통령이 되자 링컨은 백악관을 개방하여 사람들을 만났으며 스스로 전장을 비롯한 여러 현장을 찾아갔다. 링컨은 전쟁이 끝나는 그 순간에도 전장에 있었다. 1865년 4월 9일 링컨은 남부연합의 수도 리치먼드에서 워싱턴으로 돌아오는 길에 그랜트로부터 리의 항복을 받아냈다는 소식을 전달받았다. 링컨의 개방적·협력적 리더십이 가져온 승리였다.

나가며: 오 선장! 나의 선장이여!

전쟁이 끝나면서 링컨은 두 가지 목표를 이루었다. 연방 보존과 노예해방이 그것이었다. 링컨은 노예해방선언과 헌법 수정조항을 통해 후자를 담보했고 두 번째 취임사를 통해 전자를 담보하는 원칙을 밝혔다. 남부연합에 대한 철저한 응징과 징벌을 요구하는 공화당 급진파들의 노골적인 반대에도 불구하고, 링컨은 관용과 용서와 자비를 통해 상처를 치유하고 새로운 미국을 만들기 위한 온건한 재건 계획을 가지고 있었다.

그러나 링컨 대통령의 이러한 계획은 1865년 4월 14일 워싱턴의 포드 극장에서 연극을 보고 있던 동안 남부연합 지지자인 존 윌크스 부스(John Wilkes Booth)가 쏜 총에 맞아 다음 날 아침 사망하면서 무산되었다. 당대 미국 최고의 시인 월트 휘트먼(Walt Whitman)은 링컨의 죽음을 애도하며 추도시(詩)「오 선장! 나의 선장이여!(O Captain! My Captain!)」를 썼다.

1

오 선장! 나의 선장이여! 우리의 두려운 여행은 끝이 났다.

배는 온갖 고통을 견뎌냈다.

우리가 추구하던 목표는 달성되었다.

항구는 가까워지고, 나는 종소리들을 듣는다.

사람들은 모두 크게 기뻐한다.

사람들의 눈은 흔들리지 않는 배를 바라보고,

배는 굳세고, 대담하다.

하지만 아 심장이여! 심장이여! 심장이여!

아 흐르는 붉은 핏방울들,

갑판 위에서 나의 선장이 쓰러져 죽은 채로 누워 있다.

2

오 선장이여! 나의 선장이여! 일어나 종소리를 들으라.

일어나라. 당신을 위해 깃발을 흔들고 있다.

당신을 위해 나팔을 불고 있다.

당신을 위해 꽃다발과 리본 달린 화환을 들고 있다.

당신을 위해 해변에 사람들이 꽉 차 있다.

그들이 당신을 부르고, 흔들리는 군중들,

그들의 진지한 얼굴들을 돌린다.

여기 선장이여! 친애하는 아버지여!

당신의 머리 밑에 놓인 이 팔.

갑판 위에서 당신이 차갑게 쓰러져 죽어 있는 것은

하나의 꿈인 것 같다.

3

나의 선장은 대답하지 않는다.

그의 입술은 창백하고 움직이지 않는다.

내 아버지는 나의 팔을 느끼지 않는다.

맥박도 없고 의지도 없다.

배는 안전하게 정박되어 있다. 그것의 여행은 끝났다.

두려운 여행으로부터 승리자의 배는

원하던 목표를 달성하고 돌아온다.

크게 기뻐하라, 아 해변들이여, 그리고 울려라, 아 종들이여!

그러나 나는, 애처로운 발걸음으로

차갑게 쓰러져 죽은 채로

나의 선장이 누워 있는 갑판을 걷는다.

휘트먼의 시구대로 링컨은 "목표를 달성하고" "배를 안전하게 정박시켰다".

주

1) Abraham Lincoln's First Inaugural Address, March 4, 1861.

2) Paul M. Zall, *Abe Lincoln Laughing*, Berkeley: University of California, 1982, pp.77~78; 김형곤, 「링컨 대통령의 리더십의 실체」, 『미국사 연구』제25집, 한국미국사학회, 2007, 61~99쪽; 김형곤, 『원칙의 힘』, 살림, 2007, 45쪽.

3) 이 선은 1763년부터 1767년까지 아메리카 식민지 펜실베이니아 주와 메릴랜드 주 사이의 경계를 확정하기 위해 영국의 측량사 찰스 메이슨 (Charles Mason)과 제러마이어 딕슨(Jeremiah Dixon)이 그은 선이다. 이후 노예제도가 있고 없고를 나누는 경계선이 되어 다양한 사회적·정치적 의미로 해석되고 있다.

4) 준주가 주로 승격할 경우 그 주가 노예주로 될 것인가 아니면 자유주로 될 것인가는 연방정치에서 표로 직결되기 때문에 대단히 중요한 문제였다.

5) 김형곤, 『미국의 역사를 훔친 영화의 인문학』, 홍문각, 2015, 56~89쪽 재정리.

6) 전통적으로 유럽 사회는 모직물로 '의(衣)' 문제를 해결해왔다. 하지만 17세기와 18세기에 인구가 급증하자 동물의 가죽이나 털로 늘어나는 수요를 더 이상 감당할 수 없게 되었다. 이런 상황에서 이미 동양의 여러 곳에서 재배되고 있던 면화가 '의' 문제를 해결하는 새로운 대안으로 떠올랐다. 때마침 시작된 산업혁명과 함께 면화로 막대한 면직물을 생산해내기 시작했다. 이에 미국 남부는 영국을 비롯한 유럽 대륙에서 면직물의 원료가 되는 면화의 주요 생산지로 급부상했다.

7) Compromise of 1850, September 1850.

8) 여기서 말하는 '지하철도'는 교통수단을 의미하는 것이 아니라 1840년 경부터 1861년까지 남부에서 노예 상태를 거부한 수많은 흑인 노예들이 자유를 찾아 북쪽으로 도망가는 것을 도와준 익명의 노예제도 반대 운동 비밀 조직을 가리킨다. 필라델피아와 뉴욕은 노예들이 도망을 가

다가 들르는 주요 지하철도 역이었다.

9) Kenneth C. Davis, *Don't Know Much About History: Everything You Need to Know About American History but Never Learned*, New York: Harper Paperbacks: Anv Rep editions, 2012, p.152 재인용.

10) 미국 초기의 정당사를 살펴보면 다음과 같다. 건국 초기에는 당파가 없었으며 더욱이 초대 대통령 워싱턴은 정부 내 당파가 생기는 것을 몹시 싫어했다. 그러나 당시 재무장관 해밀턴을 중심으로 연방파가 형성되고 국무장관 제퍼슨을 중심으로 공화파가 형성되었다. 1800년 선거를 통해 인류 역사상 최초로 혈통과 폭력이 아닌 방법으로 평화적인 정권 교체가 이루어져 연방파에서 공화파로 정권이 넘어갔다. 그 후 약 30년 동안 공화파 중심의 정권이 유지되다가 1828년 선거를 통해 기존의 연방파는 국민공화파로 발전하고 공화파는 민주공화파로 발전했다. 다시 국민공화파는 휘그당으로 발전하고 민주공화파는 민주당으로 발전했다. 휘그당은 후에 자유토지당 등과 같이 흑인 노예제도를 반대하는 다양한 정파들이 모여 공화당으로 발전했다. 창당한 지 얼마 되지 않은 공화당은 1860년 대통령 선거에서 링컨을 후보로 내 대통령에 당선시켰다.

11) Charles Sumner, *Memoir and Letters of Charles Sumner: 1845-1860*, New York: Nabu Press, 2012, p.446.

12) 뷰캐넌의 경력 대부분은 외교관이었다. 오랜 외교관 생활로 뷰캐넌은 국내 정치에서 어떤 뚜렷한 일을 하지 않았으며 따라서 정치적으로 적(敵)이 없었다. 모두가 그런 것은 아니었지만 뷰캐넌은 단순히 하나의 업무에만 충실하면 되었던 외교관직과는 달리 남과 북이 첨예하게 대립하고 있는 시대 상황에서 국내외의 모든 문제를 종합적으로 판단해야만 하는 대통령직을 수행하기에는 리더십이 턱없이 부족했다. 역대 미국 대통령 평가에서 뷰캐넌은 거의 한 번도 빠지지 않고 최악의 대통령에 이름을 올리고 있다. 윌리엄 라이딩스, 김형곤 옮김, 『위대한 대통령 끔찍한 대통령』, 한언, 2000; 네이슨 밀러, 김형곤 옮김, 『이런 대통령 뽑지 맙시다』, 혜안, 2002; 찰스 F. 파버, 김형곤 옮김, 『대통령의 성적표』, 혜안, 2003.

13) Dred Scott v. Sandford, 60 U.S. 393, 1857.

14) The House Divided Speech, June 16, 1858.

15) 케네스 데이비스, 이순호 옮김, 『미국에 대해 알아야 할 모든 것, 미국

사』, 책과함께, 2007, 258~260쪽 재정리.

16) 남부 백인들이 기억하는 주요 노예 폭동은 다음과 같다. 1739년 사우스 캐롤라이나에서 제러마이어라는 노예가 다수의 노예들을 이끌고 25명의 백인들을 무자비하게 살해했다. 이들은 당국에 의해 곧바로 진압되었다. 또한 미국이 독립한 지 얼마 되지 않은 1791년부터 1803년까지 카리브 해의 산토도밍고에서 흑인 노예인 투생 루베르튀르(Toussaint Louverture)가 노예 반란을 일으켜 약 6만 명을 살해하고 프랑스로부터 섬의 일부를 독립시켜 생도밍고라는 독립 공화국을 세우는 데 큰 도움을 주었다. 몇 번 실패를 했지만 1802년에 나폴레옹은 결국 섬을 탈환하고 투생을 사로잡았다. 투생은 이듬해 감옥에서 사망했다. 투생의 뒤를 이어 1804년 또 다른 흑인 노예인 장자크 드살린(Jean-Jacques Dessalines)이 노예들을 이끌고 프랑스로부터 독립운동을 벌여 아이티라는 공화국을 세우는 데 성공했다. 또 1800년에 당시 미국의 심장부라 할 수 있는 버지니아 리치먼드에서 개브리얼 프로서(Gabriel Prosser)가 수천 명의 노예들을 선동하여 폭동을 일으켰지만 군대에 의해 곧장 진압되었다.

17) 앨런 브링클리, 황효성 외 옮김, 『미국인의 역사 2』, 비봉출판사, 1998, 118~119쪽.

18) Robert A. Divine, et al., *The American Story*, New York: Addison-Wesley Educational Publishers Inc., 2002, pp.477~478.

19) 대통령 링컨 역시 전쟁의 명분은 노예제도 폐지가 아니라 연방 보존임을 명시했다. 링컨이 노예제도 폐지 문제를 명분으로 들고 나온 시기는 1862년 중반 이후부터다.

20) 제퍼슨 데이비스는 웨스트포인트 출신으로 프랭클린 피어스 대통령 때 전쟁장관을 지냈다. 데이비스는 이러한 경력으로 적어도 군사 문제에서는 자신을 능가할 사람이 없다고 생각했다. 사실 전쟁을 치르면서 데이비스는 남군 장군들과 거의 소통하지 않았다. 그에 비해 링컨의 군사 경험은 단 3개월간의 군대 생활이 전부였다. 전쟁을 치르는 동안 링컨은 승리하는 장군을 찾고자 끊임없이 노력했다.

21) 김형곤, 「링컨 대통령의 집현(集賢)의 리더십」, 『서양사학연구』제21집, 2009. 12, 181~220쪽.

22) 조지프 존스턴은 독립전쟁기 영웅인 패트릭 헨리의 종손자다. 버지니아 출신인 그는 신념에 입각하여 남군 장군으로 종군했지만 남북전쟁

내내 남부연합의 대통령 제퍼슨 데이비스와 갈등을 겪었다.

23) 북부는 주요 강을 중심으로 군을 편성하여 운영했고, 남부는 주요 지역을 중심으로 삼았다. 따라서 불런은 북부의 입장이며 매너서스는 남부의 입장이다. James I. Robertson, Jr., *The Civil War*, Washington: U. S. Civil War Centennial Commission, 1963, p.9.

24) 김형곤, 앞의 글. 링컨은 훈련에만 전념했지 좀처럼 전투에 임하지 않는 매클렐런을 재촉하기 위해 11월 23일 국무장관 수어드와 비서 존 헤이를 데리고 그의 집을 찾았다. 그는 결혼식에 가고 없었는데 한 시간 후에 돌아왔다. 매클렐런은 대통령 일행이 한 시간 동안이나 기다리고 있었는데도 불구하고 그들에게 인사조차 하지 않고 곧바로 2층으로 올라가버렸다. 30분이 지나도 내려오지 않자 수어드와 헤이는 몹시 분개했다. 하지만 링컨은 "지금은 예절이나 개인적 품위를 따지지 않는 것이 더 좋을 듯합니다. 만약 그가 승리만 한다면 나는 그의 말고삐를 잡는 사람이 될 것입니다"라고 말했다.

25) Robertson, Jr., *The Civil War*, p.13.

26) 이 승리는 링컨 대통령이 그토록 기다렸던 남북전쟁 최초의 진정한 승리였다. 승리 소식을 들은 링컨은 너무나 기쁜 나머지 여러 신문에 보도된 율리시스 심슨 그랜트('Ulysses Simson' Grant)의 머리글자인 U. S.로 이서를 했다. U. S.는 '무조건 항복(Unconditional Surrender)'의 약자이자 '미국 연방(United States)'의 약자이기도 하다. https://en.wikipedia.org/wiki/Unconditional_surrender.

27) James L. Shaffer and John T. Tigges, *The Mississippi Rover: Father of Waters*, New Hampshire: Atcadia Publishing, 2000. 미시시피는 알곤킨 인디언 언어로 '물의 아버지'라는 뜻이며, 따라서 '물의 아버지'는 미시시피 강의 별칭으로 쓰인다.

28) 남북전쟁 당시 북군은 푸른색 유니폼을 입었고 남군은 회색 유니폼을 입었다.

29) 이 지역은 남북전쟁과 관련하여 두 번의 역사적 명성을 얻었다. 한 번은 1859년 존 브라운의 습격으로, 다른 한 번은 잭슨의 공격으로 역사의 전면에 등장했다.

30) 앨런 브링클리, 황효성 외 옮김, 『미국인의 역사 2』, 107쪽; James M. McPherson, *The War That Forged a Nation: Why the Civil War Still Matters*, New York: Oxford University, 2015 참조.

31) 링컨이 노예해방을 선언함으로써 전쟁 개입에 대한 유럽 국가들의 명분도 사라졌을 뿐 아니라, 남부를 대신할 인도 등의 새로운 면화 공급처가 마련되어 있었다.

32) 에드워드 즈윅 감독의 영화 「영광의 깃발」(1989)은 남북전쟁 중 창설된 흑인 부대의 활약상을 다룬 실화 영화다.

33) Robertson, Jr., The Civil War, p.20.

34) 빅스버그 주민들은 독립기념일 행사를 제2차 세계대전까지 치르지 않았다고 한다. 그러나 이 이야기는 과장된 것이고 실제로는 1907년부터 빅스버그의 독립기념일 행사를 진행했다고 한다.

35) James M. McPherson, Battle Cry of Freedom: The Civil War Era, New York: Oxford University Press, 1988, p.638.

36) Robertson, Jr., The Civil War, pp.23~24.

37) 이때 북쪽으로 이동하면서 남군들은 제대로 된 보상도 하지 않고 민간인들로부터 많은 물자를 약탈하다시피 했다. 이는 조금 후에 벌어진 게티즈버그 전투에서 민간인들의 방해라는 적지 않은 부작용을 남군에 안겼다.

38) The Gettysburg Address, November 19. 1863.

39) Robertson, Jr., The Civil War, p.54.

40) 김형곤, 『미국의 역사를 훔친 영화의 인문학』, 52~92쪽.

41) https://en.wikipedia.org/wiki/William_Tecumseh_Sherman.

42) 앨런 브링클리, 황효성 외 옮김, 『미국인의 역사 2』, 116쪽.

43) 김형곤, 「링컨 대통령의 리더십의 실체」, 61~99쪽 재정리.

44) Jim Collins, Good to Great: Why Some Companies Make the Leap... and Others Don't, Colorado: Collins, 2001, p.35.

45) Roy P. Basler, The Collected Works of Abraham Lincoln. 1-8, vol.6, New Brunswick.: Rutgers University Press, 1953, p.500.

46) Emmanuel Hertz, Lincoln Talks: A Biography in Anecdote, New York: Random House Value Publishing, 1987, p.597.

47) Basler, The Collected Works of Abraham Lincoln, vol.6, p.326.

48) Stephen B. Oates, With Malice Toward None: The Life of Abraham Lincoln, New York: Harper & Row, 1977, p.418.

49) Basler, The Collected Works of Abraham Lincoln, vol.8, pp.181~182.

50) Basler, The Collected Works of Abraham Lincoln, vol.8, p.182.

51) Basler, *The Collected Works of Abraham Lincoln*, vol.8, p.400.

52) Donald T. Philips, *Lincoln on Leadership*, New York: Warner Books, 1992, p.43.

53) Basler, *The Collected Works of Abraham Lincoln*, vol.6, pp.78~79.

54) Mark E. Neely, Jr., *The Abraham Lincoln Encyclopedia*, New York: McGraw-Hill, 1981, p.151.

55) Basler, *The Collected Works of Abraham Lincoln*, vol.5, p.346.

56) Philips, *Lincoln on Leadership*, p.462.

57) Paul F. Boller, *Presidential Anecdotes*, New York: Oxford University Press, 1981, p.139.

58) Benjamin P. Thomas, *Abraham Lincoln*, New York: Alfred A. Knopf, 1952, p.319.

59) Basler, *The Collected Works of Abraham Lincoln*, vol.7, p.255.

60) 링컨의 '10퍼센트 안'은 공화당 급진파들에게 많은 비판을 받았다. 그들은 '웨이드-데이비스 법안(Wade-Davis Bill)'을 제시했는데 이는 50퍼센트의 충성을 요구하는 것이었다. 링컨은 이에 대해 거부권을 행사했다.

61) Emmanuel Hertz, *Lincoln Talks: A Biography in Anecdote*, New York: Random House Value Publishing, 1987, pp.369~370.

62) Abraham Lincoln's Second Inaugural Address, March 4, 1865.

63) Lincoln to Greeley, August 22, 1862. 링컨은 남부의 연방 탈퇴를 인정하지 않았다. 그래서 그는 남북전쟁을 전쟁이라 하지 않고 반란으로 규정했다.

64) Ward H. Lamon, *Recollection of Abraham Lincoln: 1847-1865*, Chicago: A. C. McClurg, 1895, p.23.

65) 1862년 9월 22일 노예해방령을 발표한 데 이어 그해 12월 1일에는 노예해방에 따르는 보상을 요구하는 교서를 의회에 보냈다. 링컨은 연방군의 승리가 확실해진 1865년 2월 1일에 전국적으로 노예제도를 폐지하는 헌법 수정조항 제13조에 서명했다.

66) Abraham Lincoln, 'The Emancipation Proclamation,' January 1, 1863.

67) James M. McPherson, *Abraham Lincoln and the Second American Revolution*, New York: Oxford University Press, 1991, p.35. 이 외에도 노예해방으로 영국을 비롯한 대유럽 외교에서 '북부의 정의'를 어필할

수 있었고 그동안 문제가 되었던 도망 온 노예들의 문제를 해결할 수
있었다.

68) Lincoln to James C. Conkling, August 26. 1863.

69) The Gettysburg Address, November 19. 1863.

70) 황혜성, 「남북전쟁기 링컨 대통령의 리더쉽」, 『미국사연구』 제17집, 한
국민국사학회, 2003, 27~48쪽 참조.

71) Basler, The Collected Works of Abraham Lincoln, vol.7, pp.281~282.

72) William H. Herndon & Jesse W. Weik. Herndon's Life of Lincoln: The
History and Personal Recollections of Abraham Lincoln, New York: Da
Capo Press, 1983, p.304.

73) Basler, The Collected Works of Abraham Lincoln, vol.3, p.346.

74) Paul M. Zall, Abe Lincoln Laughing, Berkeley: University of California,
1982, p.72.

75) Basler, The Collected Works of Abraham Lincoln, vol.6, p.257.

76) Sacramento Union, March 9. 1861.

77) Stephen B. Oates, With Malice None: The Life of Abraham Lincoln, New
York: Harper & Row, 1977, p.266, 453.

78) Basler, The Collected Works of Abraham Lincoln, vol.7, p.10, 당시 북부 사
람들은 미국 역사상 처음으로 백악관의 대통령이 자기들의 대변인이라
고 생각했다. 그래서 그들은 링컨을 아버지 에이브러햄이라 부르며 백
악관에 정이 넘치는 작은 선물과 수많은 편지를 보내왔다. 선물 중에는
버터, 뉴잉글랜드 연어, 한쪽 다리가 부러진 독수리가 있었다. 편지는
하루 평균 2,300통에 달했다고 한다.

79) Oates, With Malice Toward None, p.418.

80) Earl S. Miers, ed., Lincoln Day by Day, Washington: U.S. Government
Publication, 1969, vol.3, p.48.

81) Philips, Lincoln on Leadership, p.13, 23.

82) Benjamin P. Thomas, Abraham Lincoln, New York: Alfred A. Knopf,
1952, p.269.

83) 곡물 수확기 회사인 매코믹(McCormick)이 경쟁사인 매니(Manny)를 상
대로 소송을 제기했다. 매니 사가 매코믹 사에 특허권이 있는 수확기를
복제했다면서 손해배상으로 40만 달러를 요구했다. 이 소송에서 매니
사가 승리했다.

84) Carl Sandburg, *Abraham Lincoln: The Prairie Years and The War Years*, New York: Harvest Book, 2002, p.78. 링컨이 당을 초월하여 개방적인 협력을 이루어나가고자 한 경우는 1864년 선거에서 남부 민주당 출신 인 앤드루 존슨을 부통령 후보로 지명한 일에서도 볼 수 있다.

85) Hertz, *Lincoln Talks*, pp.211~222.

86) Philips, *Lincoln on Leadership*, p.13, 23.

프랑스엔 〈크세주〉, 일본엔 〈이와나미 문고〉, 한국에는 〈살림지식총서〉가 있습니다.

📖 전자책 | 🔍 큰글자 | 🔊 오디오북

미국 남북전쟁 링컨 리더십의 본질

펴낸날	초판 1쇄 2016년 11월 30일
	초판 2쇄 2024년 9월 30일

지은이	김형곤
펴낸이	심만수
펴낸곳	(주)살림출판사
출판등록	1989년 11월 1일 제9-210호

주소	경기도 파주시 광인사길 30
전화	031-955-1350 팩스 031-624-1356
홈페이지	http://www.sallimbooks.com
이메일	book@sallimbooks.com

ISBN	978-89-522-3557-2 04080
	978-89-522-0096-9 04080 (세트)